빈틈
없이
　자연스럽게

빈틈
없이
자연스럽게

반비

좋아서 찍는 내 사진의 즐거움과 불안, 욕망

황의진

들어가며

나는 사진 찍기를 싫어한다. 내 사진을 찍고 다시 들여다보는 것은 녹음된 내 목소리를 다시 듣는 것만큼이나 어색하기 짝이 없다. 왜 자기 사진을 찍는가? 사진을 즐겨 찍는 나의 또래 여성들, 1980년대 후반에서 90년대 중반에 태어난 '젊은 여자'들 사이에서 궁금증은 오랫동안 커져만 갔다. 사진 찍기를 강박적으로 싫어하지만 '사진 찍는 여자들'과 엇비슷한 연령대와 성별을 공유하고 있다는 점에서 나는 그들의 외부자이자 내부자였다.

　이 책은 단순한 질문에서 출발했다. 왜 사진을 굳이 보기 좋게 찍고, 편집하고 보정하며, 그중에서 잘 나온 것을 골라 SNS에 올리는가? 먼저 '사진 찍는 여자들'을 '인스타용 카페'에서 만나 거듭 인터뷰하고 그들의 사진을 훑어보면서 함께 감상을 주고받는 것부터 시작했다. '내 사진'에 대한 이야기는 다른 사람의 사진, 사진을 통해 만나게 되는 사람들, 그런 관계를 잇는 고리로서의 사진에 이르기까지 고구마 줄기처럼 계속해서 뻗어나갔다. 사진을 찍기 싫어한다는 점에서 나는 그들에게 낯선 존재였다. 사진 잘 찍는 법과 고르는 요령을 이들에게 처음부터 배워가면서 언제부턴가 나는 왜 사진을 찍지 않을까 도리어 자문하기에 이르렀다. 나와 같지만 다른 사람들을 만나 대화를 청하고 그들의 언어와 관점을 거쳐 다시 '우리'의 관계를 새롭게 보는 인류학적 접근을 통해, 우리는 현실 속에서 같은 고민과 기억을 공유하고 있음을 깨달았다.

⌞ㅁ⌝

　　많은 사람들이 자기촬영을 즐기지만 그중에서도 젊은 여성들의 위치는 특별하다. 이들은 스마트폰으로 자신의 모습을 찍어 남기고 SNS 계정에 업로드하길 유난히 즐긴다. 촬영의 순간은 여행 중이나 특별한 기념일, 평소와 다를 것 없는 등하굣길 또는 출퇴근길에 이르기까지 다양하다. 언제 어디서나 자신의 몸과 얼굴을 스마트폰으로 '예쁘게' 촬영하고 외부에 공유하는 '젊은 여자'의 존재는 우리에게 그리 새롭지 않다. 2000년대를 거쳐 '셀카족'이 주목받기 시작할 무렵부터 사진 찍는 여자들은 자신의 모습을 공들여 연출하고 '여성미'를 스스로 재생산하는 이들로 비춰졌다. 그래서 자신의 모습을 '예쁘게' 찍어내는 여성은 자기만족에 빠진 개인으로, 자기촬영은 카메라의 발전에 힘입어 출현한 별난 풍습으로 쉽게 해석되었다.

그런데 사진 찍는 여자들이 단순히 자기탐닉적인 나르시시스트에 불과할까? 인터뷰를 거듭할수록 나는 자기촬영에 대한 이들의 태도가 열광보다는 무심함에 가깝다고 느꼈다. 사진 찍기는 그 자체로 재미있고 즐거운 '놀이'인 동시에 뚜렷한 목적 없이 반복하는 습관이기도 하다. 특유의 느슨함을 지닌 자기촬영은 좋아하는 배우나 가수를 향한 '덕질'이나 의도적인 연출과는 결이 다른 즐거움을 준다. 왜 사진을 찍느냐는 나의 질문에 많은 여성들은 "별 계획 없이 그냥" 그때그때 분위기에 이끌리기 때문이라고도 답한다. 이렇게 찍은 사진들의 적지 않은 부분이 갤러리에서 날아가거나 잊히기도 한다. 사진 찍기는 촬영자 개인의 의도나 기분에 좌우되는 한편, 또래 여성 집단이 "별생각 없이" 공유하는 집단적인 습관으로도 자리 잡아 거꾸로 개인의 '무심한' 참여를 지속적으로 이끌어내는 것이다. 이처럼 여성들의 사진 찍기가 즐거움과 무심함에 각각 한 발씩을

걸치고 있다면, 이들을 계속해서 사진 찍게 만드는 원동력과 배경은 어떤 것일까? 자기촬영을 즐기는 여성들을 열광적인 자기탐닉에 빠진 이들, 또는 촬영에 강박적으로 몰두하는 독특하고 별난 존재로만 그려내는 시선으로는 이러한 질문에 답할 수 없다.

나는 수도권 지역에 사는, 대졸 이상의 학력을 갖추고 상이한 외모와 성격을 지닌 여성들을 만났다. '사진 찍는 여자들'이라고 뭉뚱그리기는 했지만 이들에게 촬영은 가장 좋아하는 취미도 특기도 아니다. 촬영은 그저 매일, 매년 반복하는 사소한 습관이자 놀이일 뿐이다. 대개의 경우 이들은 사진을 예쁘게 찍기 위해 엄청난 자본과 노력을 투자하지는 않지만 자신을 사진 속에 예쁘게 담는 것에 별다른 거부감이나 불편함도 없다. 이른바 '인스타그램 여신'이라 불리는, 자신을 두드러지게 열성적으로 촬영하고 팬을 대거 확보한 일부 여성들과도 다르다. 내가 만난 대부분의 여성들은 그 중간 어디쯤에 위치하며 스스로는 그저 남들만큼 사진 찍기를 즐기는 정도라고 강조했다. 나는 '평범한 사람들'을 만났기 때문에 특별한 경로로 연구참여자를 물색하지 않아도 되었지만, 사진을 찍는다는 지극히 평범한 행위에 대해 집요하게 이유를 묻는 '이상한 사람'이 되기도 했다.

스마트폰 카메라를 든 모든 여성들이 이와 같지는 않음을 부연할 필요가 있겠다. 나는 '예쁘게만 보이려는' 자기사진의 전형을 깨고 무표정으로, 화장을 하지 않은 얼굴로, 꾸미지 않은 차림새로 자신의 모습을 남기는 여성들도 만났다. 여성의 모습을 그저 귀엽고 예쁘거나 에로틱한 방식으로 재현하는 한국사회의 분위기를 비판하는 이들의 문제의식에 나는 깊이 공감한다. 그럼에도 이 책은 '자연스럽게 예쁜' 자기촬영의 전형에 집중한다. 사진 찍는 여성들의 다양한 면모를 지워버리기 위함이 아니라, '예쁜 연출'이 여성들의 촬영에서 여전히 주류를 이루고 있음을 외면할 수 없었기 때문이다. 내가 만난 여성들 대부분은 그러한 전형을 생산하고 있다. 이들의 일상적 촬영과 자기전시를 자기대상화라고 손쉽게 비판하거나, '그럼에도 상황은 달라지고 있다'고 그들을 대신하여 변명하고 싶지는 않았다. 이 책은 내가 가장 궁금했지만 이해하기 어려웠던 사진 찍는 여성들의 시선에서 출발한다.

[ㅁ]

여성들은 자신의 모습을 사진 속에 담아내고 이를 지인과 나누거나 익명의 타인이 상주하는 SNS에 올린다. 이때 사진을 둘러싼 개별 행위들, 이를테면 찍기와 보관하기, 공유하기, 또는 보여주기는 여성들이 자신의 몸과 얼굴에 대해 취하는 태도를 반영한다. 나는 여성들이 자기촬영의 결과물을 만들고 다루는 일련의 행위를 차례대로 살피고, 자신의 이미지를 가지려는 이들의 분투가 어떠한 역사적·기술적 조건과 맞물리는지 추적하고자 한다.

스마트폰 카메라를 쥔 여성들은 사회적으로 전형화한 '아름다운 피사체'이자 '자유로운 촬영자'이다. 두 가지가 결합한 모순적인 입장은 기술 발전의 흐름을 타고 여성과 사진의 관계가 변화한 결과로 만들어졌다. '사진 찍는 여자들'은 2000년대의 셀카족을 시작으로 출현한 듯 보이지만 여성은 그보다 훨씬 오래전, 여성이 카메라를 자유롭게 다룰 수 없던 시기부터 사진과 긴밀한 관계를 맺어왔다. 여성들은 오랫동안 형성된 '여성-피사체'의 압박에서 결코 자유롭지 못하면서도, 스마트폰을 비롯한 최신의 기술들을 거침없이 동원하며 자기 이미지를 만들고 드러내려 한다.

최근의 스마트폰 사진은 이전에 없었던, 고도로 편집된 '나'의 이미지를 재현한다는 점에서 특별하다. 우리는 디지털카메라나 카메라폰으로 찍은 '셀카'에 일찍이 익숙해졌지만 최근 여성들의 자기촬영은 '셀프 촬영'으로만 설명하기 어렵다. 이들이 "내 사진"이라 부르는 사진들을 촬영할 때는 주변의 도움이 빈번히 개입한다. 본인뿐 아니라 지인들이 함께 사진에 들어가 있는 경우도 많으므로 '독사진'이라 부르기도 어렵다. 독사진이 아닌데도 그것이 '내 사진'이라 불릴 수 있는 이유는 촬영자 여성들이 그것에 '내 소유'라는 특별한 의미를 부여하는 데 있다. 여성들은 '내 사진'의 촬영에서 보정, 전시에 이르는 모든 과정을 본인의 관점에서 관리하며 주관적으로 사진을 선별한다. 이런 점을 고려하여 이 책에서는 타인의 도움을 얻는 경우까지 포함해서 여성들이 자신을 촬영한 결과물을 '자기사진'이라 부르고자 한다. 사진에 대한 '나'만의 소유를 주장하는 여성들의 표현 "내 사진"은 1인칭의 입장을 강조한다. 자기사진은 독사진이나 셀카보다도 '내 것'의 정체성과 의미를 훨씬 강하게 반영하며 인간관계와 기호를 오직 '나'의 관점을 통해 프레임 안에 담아낸다.

그런데 온라인 공간을 떠돌며 빈번히 캡처, 저장될 수 있는 디지털 이미지가 오롯이 한 사람의 소유로 남을 수 있을까? 손쉽게 복제가 가능한 디지털 사진은 SNS 공간을 통해 생산자뿐 아니라 다른 사람들도 소유할 수 있는 '물건'이 되고 있다. 범람하고 공유되는 무수한 이미지의 흐름 속에서 개인이 자기사진을 온전히 통제하기 어려움에도 '내 사진'에 대한 소유권을 끈질기게 주장하는 여성들의 모습은 내게 흥미롭게 다가왔다.

[ㅁ]

내가 만난 여성들 대부분은 어떤 단체나 동아리의 형태로
집단을 형성하고 있지 않다. 이는 개인적인 모습을 주로 담는
자기사진의 특성상 자연스러운 점이기도 하다. 때로는 친구나
연인 그리고 가족의 도움이 촬영에 개입하기도 하지만 이것은
그때그때 일시적으로 이루어지는 지인 사이의 모임으로,
촬영을 토대로 집단적인 정체성이나 결집성이 나타난다고는
말하기 어렵다. 이런 상황에서 '내 사진'의 공유를 둘러싼
갈등도 매우 모호하거나 유동적인 형태로 나타나곤 한다.
자기사진을 찍는 여성들이 자신의 외모와 관련해 느끼는
압박 역시 뚜렷한 갈등의 모습보다는 '미묘한 분위기'나
'사소한 경험'으로 다가오는 경우가 많다.

나는 사진 찍는 여성들의 개인적인 서사를 추적하는
동시에 이들이 모이는 공간에서 나타나는 공동의 경험을
가시화하고자 한다. 사진 찍는 여성들은 분산되어 있는 듯
보이지만 촬영과 업로드라는 공통의 습관을 공유함으로써
알게 모르게 연결되어 있다. 이들은 사진 찍기의 즐거움과
까다로움, 사진을 통한 관계 맺기의 용이함과 내 사진을

훔쳐보는 누군가에 대한 불쾌감을 동시에 느낀다. 이 경험들은 사진을 집중적으로 게시하는 SNS 플랫폼인 인스타그램에서 결집된다. 여성들은 각자의 계정을 개인적으로 운영하지만 업로드로써 한데 구성되는 무수한 '피드'의 모임, 즉 사진의 공유로 유지되는 거대한 관계에 참여하고 있다.

내가 만난 여성 가운데는 형편이 넉넉한 사람도 그렇지 못한 사람도 모두 있다. 자기사진을 '볼만한 것'으로 만들어내는 과정에서 이들의 가난과 슬픔, 고충은 교묘하게 숨겨진다. 아름다운 사진 찍기는 겉으로는 파편화된 개인처럼 보이는 젊은 여성들에게 '촬영자 여성'이라는 모호하지만 공통된 정체성을 부여하는 행위이고, 이때 고통과 가난은 숨겨지고 과거는 미화되어야 한다. 그렇다고 자기사진에 담긴 모습은 과연 작위적인 '가짜'에 불과할까? 처음에 나는 일상에서 이루어지는 여성들의 사진 찍기를 일종의 위장 전략으로 생각했다. '진짜 나'의 모습을 숨기고 보이고 싶은 모습만 보여주는 것이 사진 찍기의 목적이라고 여겼다. 그러나 인터뷰를 거듭할수록 촬영자 여성들이 사진 속 자신의 모습을 '가짜'라 여기지 않음을 알 수 있었다. 자기사진에 공들여 남긴 것은 사진 바깥의 모습, 사진에는 결코 남기지 않을 순간의 '나'와 마찬가지로 분명한 '진짜'다. 사진은 원하는 조각들만을 잘라 편집한 '빈틈없는 몽타주'이지만 동시에 여성들의 '진짜' 모습을 보여준다. 여성들이 꼼꼼하게 다듬은 사진을 '자연스럽다'고 표현한다면 이것은 거짓말이 아니라 그런 이미지가 사진의 촬영자이자 피사체인 '나'를 거꾸로 재구성한다는 의미이다.

[ロ]

이 책을 완성하기까지 많은 분들에게서 도움을 받았다.

연구와 공부에 관한 고민을 매번 세심하게 들어주시는 정헌목 선생님께 감사를 드린다. 거친 질문에서 출발한 이 연구를 마치고 책으로 엮을 수 있었던 것은 선생님의 가르침 덕분이다. 인류학을 처음 공부할 때부터 지금까지 항상 귀중한 조언을 주시는 양영균 선생님, 연구 과정 전반에 걸쳐 꼼꼼한 지적과 따뜻한 격려를 아끼지 않으신 조일동 선생님, 연구를 시작할 출발점으로서 아이디어를 일깨워주신 이경묵 선생님, 그리고 육 년째 연구보조원으로 참여하고 있는 프로젝트 연구팀에서 많은 가르침을 주신 박세진 선생님과 오창현 선생님께도 감사드린다.

저마다 생활에 바쁘면서도 나의 공부와 연구에 많은 관심을 보여준 대학교 친구들, 이 책의 바탕이 된 석사논문을 쓰기까지 두서없는 고민과 계획을 진지하게 들어준 베냐민 세미나 구성원들, 오랜 시간 함께 공부하며 도움을 준 대학원 친구들, 그리고 거친 글을 책의 형태로 다듬어주신 박아름, 조은 편집자님께 감사를 보낸다.

무엇보다 연구참여자들의 호의가 아니었다면 이 책은 물론, 그 바탕이 된 석사논문 역시 완성하지 못했을 것이다. 나의 기초적인 질문과 끈질긴 인터뷰 요청에도 참을성을 갖고 많은 이야기를 풀어준 연구참여자 모두에게 진심으로 감사드린다.

마지막으로 나에게 가장 많은 애정과 인내와 관용을 보여주시는 부모님께 감사와 사랑을 함께 전한다. 두 분이 이 책을 재미있게 읽으시길 바란다.

2024년 4월

황의진

차례

들어가며 005

1장 '나'를 찍는 여자들은 나르시시스트인가 — 019
스마트폰으로 사진 찍기를 가장 즐기는 집단
자기사진을 향하는 여러 시선들
촬영자 여성, 기술의 주변부에서 촬영의 주체가 되다

2장 피사체에서 일상의 촬영자까지 — 051
도시 여성, 사진의 피사체가 되다
가정용 카메라를 쥔 주부 촬영자
카메라 대중화 시대의 풍경
디지털 사진의 시대와 'ㅇㅇ녀'의 등장

3장 예쁘게, 그러면서도 자연스럽게 '나'를 찍기 — 093
내 카메라를 소유하다
'감성'의 순간, 자기사진을 찍다
"원래 그랬던 것처럼" 예쁘고 기쁘고 즐겁게

4장 자기사진의 안전과 공포 — 147

자기 경험의 대체 불가능한 증거물
"여성의 몸은 재화다"
'정상적'으로 '유통'되는 자기사진

5장 그럼에도 '나'를 찍는 이유 — 191

인스타그램, 소통과 자기표현이 결합하는 곳
자기사진으로 소통하기
돋보이지만 평범하게
인스타그램과 불화하는 자기사진의 모순
'내 사진'을 온전히 소유하고 통제한다는 것

나가며 243

주 250
참고문헌 266

일러두기

1. 연구참여자의 개인정보 보호를 위해 모든 이름은 가명으로 처리했다.

2. 내용과 관련 있는 주석은 ■로 표시해 각주로, 문헌 관련 주석은 번호로 표시해 미주로 달았다.

3. 인용자가 이해를 돕기 위해 덧붙인 내용에는 모두 대괄호([ ])를 사용했다.

4. 이 책의 내용 중 일부는 저자가 발표한 아래 논문들을 수정, 보완한 내용을 담고 있다.

　　황의진, 2021, 「한국사회에서 여성과 사진의 관계 변화: '피사체'를 넘어 '자기 사진'의 생산자로」, 한국학중앙연구원 한국학대학원 인류학 전공 석사학위논문.

　　황의진, 2022, 「'자기사진'으로 관계 맺는 여성들: 디지털 사진을 통한 소통과 소유 감각의 재구성」, 《한국문화인류학》 55(3).

　　황의진, 2023, 「카메라·사진 기술의 보급과 '여성 촬영자'의 등장: 1960~80년대 일상적 촬영에 관한 담론을 중심으로」, 《미디어, 젠더&문화》 38(1).

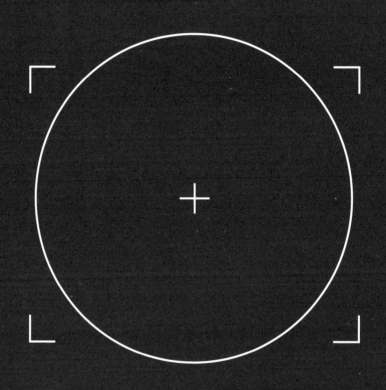

1장

'나'를 찍는 여자들은
나르시시스트인가

어느 봄날, 김혜연과 나는 인터뷰를 위해 강남의 한 카페에서 만났다. 그는 잘 알려진 한 극단의 단원으로 종종 무대에 오르는 20대 중반의 배우이다. 사람들 속에 섞여 있어도 김혜연의 화려한 외모는 눈에 쉽게 띄었다. 나는 김혜연을 만나 그의 '셀카'를 함께 보며 이야기를 나누었다. 김혜연은 카메라 기능이 달린 핸드폰을 갖게 된 중학교 시절부터 자기사진을 찍기 시작했다고 한다. 지금도 기분이 내키면 사진을 찍고 인스타그램에 업로드하곤 한다. 그는 아주 열성적인 SNS 유저는 아니지만 사진 찍기를 '남들만큼' 즐기는 정도이다.

나는 사진 찍기를 즐기는 마음이 스스로를 특정한 모습으로 꾸미고 연출하고자 하는 욕구에서 비롯된다고 생각해왔다. 그래서 자신을 촬영하는 여성들에게 사진을 찍음으로써 어떤 이미지를 보여주길 원하는지 여러 차례 물었다. 그런데 이런 질문에 김혜연은 약간 의아해하며 답했다.

> 어떤 느낌으로 사진을 찍고 싶다는 건 진짜 생각해본 적이 없어요. …… [그냥] 어딜 가든 자연스럽게 남기고 싶어요. 기록인 거죠. …… 예전에 찍었던 사진을 보면서, '스물세 살의 김혜연은 이랬구나……' 어떤 느낌으로 찍고 싶다는 것보다는, 자연스러운 느낌으로 남기고 싶다. 그 공간에서. 그냥 내가 찍고 싶을 때.

'그냥 내 모습을 남기고 싶다'거나 '내가 찍고 싶을 때 찍는다'는 이야기는 김혜연에게서만 나온 것이 아니다. 왜 사진을 찍는지 묻는 나의 질문에, 대부분의 여성들은 "그냥" 또는 "생각해본 적이 없다"며 다소 당황스러워했다. 사진을 찍으면서 자신의 어떤 외양을 어필하느냐는 질문이 너무 노골적인가 싶어, 나는 같은 질문을 인터뷰마다 어투나 표현을 바꾸어가며 던졌다. '인스타'에 종종 업로드하는 그 사진들을 통해 무엇을 보여주고 싶은지, 자신의 어떤 모습을 부각하고자 하는지, SNS에 사진을 올리면 어떤 반응이

돌아오고, 그런 지적들을 어떻게 선별하고 반영해서 다시
사진을 찍는지 거듭 물었다. 그러나 결과는 크게 다르지
않았다. 자기사진을 찍을 때 자신의 어떤 모습을 보여주고
싶은지를 물으면 "당연히 예뻐 보이고 싶죠."라는 '당연한
답변'만이 돌아올 뿐이었다.

나　　사진 찍을 때 어떤 이미지, 분위기를 내고 싶으세요?

배수아　그냥, 이쁘게 나오는 거[웃음]. 보정은 요즘 살 때문에,
　　　　볼살만 살짝 줄이는 정도? 그 정도로만 해요.

나　　이쁘게 나온다는 건 어떤 거예요?

배수아　그러니까 같은 사진을 찍어도, 얼굴 같은 경우는
　　　　구도가 같아도 되게 잘 나온 사진이 있고 못 나온
　　　　사진이 있어서…….

나　　잘 나온 사진은 어떤 거예요?

배수아　그게 자기만족이라서. 어떻게 딱 구체적으로 뭐라고
　　　　말씀드리기가 애매한데…….

나　　예쁘게 나왔다는 건 자기만 알 수 있는 느낌인 건가요?

배수아　그렇죠.

나　　사진은 본인에게 어떤 의미예요? 왜 찍는 거예요?

배수아　추억? 아니면 자기만족?

나　　거창한 의미는 없다.

배수아   네, 사진 찍는 거에 딱히 의미는 없어요.

사진을 통해 어떤 이미지로 자신을 연출하고 싶은지를
집요하게 물어보면서 인터뷰가 미궁으로 빠질 때도 있었다.
본인을 20대 후반의 구직자로 밝힌 배수아와의 대화도
그랬다. 김혜연과 마찬가지로 배수아 역시 사진에 담고 싶은
이미지를 구체적으로 묘사하기 어려워했다. 예쁘게는 찍고
싶지만 그 '예쁨'이란 '뭐라 말하기 애매한 개인적인 느낌'에
불과하다는 것이다.

　　반면 나는 촬영자 여성들이 다소 모순적인 태도를
취한다는 느낌을 받았다. "사진 찍는 거에 딱히 의미는
없"다고 생각한다면 왜 "어딜 가든 자연스럽게 남기고 싶"으며,
또는 "이쁘게 나오는" 사진을 선호하는데도 어째서 촬영을
"자기만족"이라 여기는 걸까? 나는 이러한 의문들 사이로
자기사진 촬영이 어떠한 의미를 갖는지 다시 탐색하기
시작했다. 무엇보다도 '나를 찍고 싶은 것'과 '나를 어떤
이미지로 보여주고 싶은 것'은 별개의 문제임을 인정해야 했다.

　　기록하기 위해 촬영한다는 김혜연의 말과 달리 '나를 어떤
이미지로 보여주고 싶은가'는 사실 자기사진을 찍는 많은
여성들에게 중요한 문제로 보인다. 실제로 나는 인터뷰를
진행하면서 촬영자 여성들이 지향하는 '당연한 예쁨'을

파고들기도 했다. 적잖은 촬영자 여성들은 사진을 찍으면서 '당연히 예쁘게 보이고 싶다'고 고백했지만, 이것은 자연스러운 욕구로만 볼 수 없다. 자기사진이 공유하는 '예쁨'의 미감은 촬영자 여성 개인의 취향 외에도 사회문화적으로 통용되는 '여성적 이미지'의 전형성, 그리고 그 전형성을 형성해온 역사적 흐름이 교차하는 지점에 위치하기 때문이다.

그럼에도 인터뷰를 거듭할수록 촬영자 여성들이 사진에 반영하고자 하는 '자연스러운 예쁨'은 자기사진의 아주 일부만을 구성할 뿐이라는 사실이 분명해졌다. 나는 일상에서 젊은 여성들이 '왜 사진을 찍는가'에 대한 물음을, 단순히 '사진을 통해 무엇을 보여주고 싶은가'의 문제로 치환하고 있었다. 그러나 자기사진은 단순히 연출의 수단으로만 기능하지 않는다. 때로는 자기사진을 찍는 행위 자체가 그 속의 이미지보다도 중요하다. '나'를 촬영하여 업로드함으로써 타인의 눈앞에 등장하고, '나' 역시 남의 사진에 시선을 보내면서 촬영자는 비로소 대화에 참여한다.

김혜연의 말처럼 앞으로 존재하지 않을 특정한 시점의 '나'를 남기고 싶다는 소망 역시 자기사진을 찍게 만드는 또 다른 동인이다. 이것은 꽤 개인적인 감정이기도 하지만, 한편으로는 한국사회에서 촬영을 일상의 영역으로 깊숙이 침투시킨 기술의 발전이 새롭게 만들어낸 욕구이기도 하다.

자기사진은 이처럼 얼핏 개인적인 것으로 보이는 속성들이
사회와 기술이라는 거시적 배경과 맞닿는 지점에서, 특정한
시각적 전형성과 공동의 기억을 동반하며 생겨나고 있다.
촬영자 여성들은 자기사진의 개인 제작자인 동시에 '자기사진
찍기'라는 실천에 엇비슷한 방식으로 참여하는 또래 집단의
일원이기도 하다. 이러한 관점은 자기사진 촬영을 젊은
여성들의 과시 욕구에서 비롯된 산발적인 행위가 아니라,
일상 사진과 여성이 맺어온 역사적인 관계와 최근의 기술적
조건이 서로 맞물려 형성된 문화적 현상으로 바라볼
실마리를 제공한다.

스마트폰으로 사진 찍기를
가장 즐기는 집단

2010년대 이후 스마트폰과 SNS의 등장은 일상적인 사진
촬영이 널리 보편화하는 중요한 변곡점이 되었다. 스마트폰은
늘 소지하는 생활필수품으로 빠르게 자리 잡았고, 현재
사람들은 스마트폰을 들고 다니면서 항상 카메라와 함께하고
있다. 언제 어디서든 사진을 찍을 수 있게 되면서 일상적인
사진은 디지털 이미지와 스마트폰이라는 새로운 기술적

경로를 통해 촬영되고 이동하기 시작했다. 스마트폰으로 촬영한 사진은 디지털 갤러리에 바로 저장하거나, SNS 플랫폼을 통해 매우 신속하고 수월하게 타인과 공유할 수 있다. 이렇게 스마트폰 카메라로 찍는 디지털 사진들은 그보다 이른 시기에 유행한 디카(디지털카메라)나 피처폰 카메라로 찍은 사진들보다 거대한 양으로 매일 쏟아지고 있다.

스마트폰 카메라와 디지털 사진은 일상의 모습을 담는 중요한 도구로 자리매김했다. 최근 한국사회의 기술 변화 속에서 달라지는 일상 사진 문화를 포착하는 시도들은 2010년대 중반부터 미디어 및 디자인 분야를 중심으로 적잖이 이루어져왔다.[1] 주목할 점은, 스마트폰으로 일상 사진을 찍는 이들 가운데 20·30대 여성의 존재가 단연 두드러진다는 사실이다. 젊은 여성들은 남성들보다 훨씬 빈번하게 스마트폰으로 자신의 모습을 촬영하고 그 결과물을 SNS에 공유한다. 스마트폰을 이용한 사진 촬영의 주체는 그저 '기술적 현대인'으로 모호하게 뭉뚱그려지기보다는, 젊은 여성이라는 구체적인 성별·연령 집단으로 나타나는 것이다.

이 사실은 통계에서도 마찬가지로 확인된다. 이용숙·이수현은 스마트폰 사용자에 대한 양적 연구를 수행하여 한국사회에서 "스마트폰을 가장 많이 사용하는 집단"으로 여자 대학생을 꼽았다.[2] 조사 가운데 스마트폰으로

사진 찍기를 즐겨 한다는 답변에서는 성별에 따른 차이가
눈에 띄게 나타난다. 여자 대학생과 20·30대 여성 직장인의
스마트폰 사용 양상에서 사진 찍기는 높은 비율을
차지했으며(각각 76퍼센트와 78퍼센트, 74퍼센트), 이는 같은
연령대의 남성들(각각 49퍼센트와 64퍼센트, 64퍼센트)에 비해서도
확연히 높다. 통계에 비추어보면 한국사회의 20·30대
여성들은 다른 연령·성별 집단에 견줘 단연 두드러지는
스마트폰 사진 촬영의 주체다.

그렇다면 스마트폰을 통해 보편화한 지금의 일상 사진
촬영은 카메라 기술의 발전에 힘입은 자연스러운 귀결이
아니라 독특한 '여성적 문화'의 일종으로도 보인다. 나는
'사진 찍는 여성들'을 만나고 인터뷰하면서 이들의 '사진
찍기'가 단순히 단발적인 이미지를 생산하는 기술적인
행위에 그치지 않는다는 점을 깨달았다. 내가 만난 여성들은
혼자, 그리고 친구나 가족들과 함께 사진을 찍으면서
'나'를 발견해나간다고 말했다. 단순히 사진에 '나'의 모습을
예쁘게 담고 싶다거나 공들여 촬영한 '나'의 사진을 보고
만족감을 얻는다는 이야기와는 다르다. 사진은 촬영자이자
피사체인 젊은 여성들이 온전히 개인적인 의도를 담아
꾸미는 연출의 창구로만 존재하지 않는다. 자기사진은 '나'의
역사적 아카이브를 구성하는 부분적인 조각이자, 다른

사람들과 관계 맺게 하는 중요한 연결고리로 생산되는 것이다. 이로써 촬영자 여성들은 자기사진을 매개로 '나'와 '우리'를 발견해나간다.

[ㅁ]

일상의 단면들을 수집한 자기사진의 갤러리는 '나'의 모습이나 인간관계, 추억과 취향으로 구축된 '나'의 세계를 시각적으로 구현한 공간이다. 이렇게 자기사진을 통해 구성되는 촬영자 여성들의 '세계'는 독특하다. 이 세계는 현실의 고단함을 숨기되 일상에 여전히 밀착된 형태로, 그리고 '나'의 취향에 결부되어 있지만 타인과의 관계를 중요한 전제로 형성된다. 촬영자 여성들은 자기사진에 담은 내밀한 이야기와 사적인 감정을 토대로 사진이 '나만의 것'이 된다고 강조했다. 그러나 이들의 자기사진은 흔히 '여성스러움'으로 통용되는 전형성을 재현하고 재생산한다는 점에서 서로 대동소이해 보이기도 한다. 얼핏 모순적으로도 보이는 '나만의 것'과 '비슷한 것'은 자기사진 속에서 어떻게 공존할 수 있을까?

개인적인 요소와 사회적·기술적인 흐름은 사진 속에서 뗄 수 없는 관계를 맺는다. 김경화는 카메라와 사진에 대한

역사를 기술하면서 이제껏 일상적인 차원에 대한 관심이
미비했다고 지적한다. 카메라와 사진의 기술사는 광학
장치의 기술적 진보와 동일시되어 주목받은 반면, 이와
맞물려 전개된 일상적인 시각 기록의 역사에 대한 설명은
불충분했다는 것이다.[3] 최근 스마트폰 카메라의 보편화가
불러온 새로운 촬영 문화는 이처럼 도외시된 미시적 역사의
한 부분에 해당한다. 스마트폰 카메라는 일상적인 시각 기록
장치로서 우리의 삶에 빠르게 스며들었으며, 삶의 기록들은
그 장치를 통해 이전과는 다른 형태로 축적되기 시작했다.
한국사회에서 '셀카 촬영'을 하위문화로 국한해 보는 설명이
일반적이었음을 감안하면, 사진이 연계하는 일상의 측면을
보다 세밀히 살펴봐야 한다는 지적은 여전히 유효하다.

　이제껏 셀카는 주로 촬영자의 나르시시즘, 또는 외모
만족도와 같은 개인적인 욕구를 반영하는 이미지로 규정되곤
했다.[4] 물론 셀카에서 개인의 이미지가 전면에 등장하는
것은 사실이지만, 개인적인 사진을 오로지 자기만족 내지는
나르시시즘의 부산물로 본다면 최근의 촬영 문화가 속한
사회문화적인 배경에 대한 설명은 배제되고 만다. 즉
'자기사진'이 연계하는 사회문화적 조건 없이는 그것이
어떻게 현실에서 그토록 인기를 끌며, 특히 적극적인 촬영자
여성들의 존재를 불러내는지 파악하기 어렵다. 게다가 이러한

방식의 사진 문화를 그저 개인적 욕구의 발현으로 해석하는 관점은 그 기저에 놓인 역사적 흐름을 무시하고 단순한 세대론으로 귀결되고 말 위험이 있다.

무엇보다 20·30대 여성들이 새로운 촬영의 주체로 부상하면서 불러온 변화가 무엇인지는 과거 한국사회의 역사적 흐름과 엮어 보아야 이해할 수 있다. 젊은 여성들의 촬영은 그들의 나르시시즘적인 성격에서 비롯된 하위문화도 과거와 단절된 비역사적인 현상도 아니다. 비록 스마트폰과 디지털 사진이라는 비교적 최신의 기술을 탑재했다고 하나, 그것은 과거 한국인들이 사진을 처음 접했을 때부터 지금에 이르는 긴 역사적 계보를 지닌 문화이기도 하다.

나는 한국사회에서 젊은 여성이 사진 매체를 통해 어떻게 재현되어왔으며 카메라를 다루는 주체로서는 지금까지 어떠한 위치를 부여받았는지에 초점을 맞추고자 한다. 최근의 자기사진 문화는 그러한 토대 위에서야 비로소 규명될 수 있다. 이것은 이제껏 충분히 다뤄지지 못한 일상의 촬영 문화를 젊은 여성의 관점에서 역사적으로 재구성하는 작업이기도 하다. 자기사진은 한국사회에서 젊은 여성들이 자기만의 카메라를 손에 쥐게 된 이후로 이들이 어떠한 방식으로 스스로의 모습을 재현하는지 드러내는 단서이다.

자기사진을 향하는 여러 시선들

촬영자 여성들은 자기사진이 자기만족을 위한 것이라
주장하면서도 사진 찍기가 마냥 즐거운 일만은 아니라고
털어놓았다. 임수진(20대 후반)도 종종 자기사진을 촬영하지만
사진에 담긴 자신의 모습을 볼 때 가끔 부담을 느낀다. 특히
고화질의 디지털 사진을 얻을 수 있는 스마트폰 카메라를
이용할 때 부담은 배가된다.

> 화소도 너무 좋고 화면 크기도 커지면서 부담스러워요.
> 크기가 좀 작아진다면 더 찍을 의향은 있는데,
> 부담스럽더라고요. 밖에서 찍을 때도 사람들이 쳐다보기도
> 하고. 어떻게 나오는지 다 보이잖아요. 저 혼자 찍으려고 할
> 때도 '얼굴 왜 이렇게 크지.' 하고 그냥 닫아버리는 경우도
> 있어요. …… 전 제 모습을 그렇게 많이 보고 싶은 생각이
> 없어요. 우리 언니처럼 막 "이렇게 찍어줘, 저렇게 찍어줘."
> 그래서 이렇게 옆에서 찍어줘야 하는 사람이 있는 반면, 저는
> 예쁘다는 소리를 못 듣고 자라서 그런지 좀 못생겨 보이고,
> 보기 싫게 생겼고. 기분 좋아지진 않아서 안 봐요. …… [예전
> 사진을 보여주며] 예전에는 살 빠진 게 확연하게 보여가지고,
> 안타깝죠. …… 요즘은 많이 안 찍어요. 제 모습이 너무

못생겨서.

임수진은 사진에 찍히는 본인의 모습이 "보기 싫게 생겼"다고
생각한다. 그는 특별히 통통한 체격이 아니었는데도 요새
살이 너무 쪘다며 인터뷰 중에 몇 번이나 속상해하는 모습을
보였다. 그러나 임수진은 사진 촬영 자체를 싫어하지는
않는다. 가끔은 친언니를 공들여 찍어주기도 한다. 한때
온라인 쇼핑몰에서 모델 일을 했던 친언니는 사진 찍기를
유난히 즐기는데, 동생에게 풍경 좋은 곳에 함께 가서 자신의
사진을 찍어달라고 종종 부탁하곤 한다. 임수진은 셔터를
누르는 것은 마다하지 않지만 사진 속의 자기 모습이 "못생겨
보이"게 나올 때면 기분이 가라앉는다.

　남들에게 보여주건 혼자만 간직하건, 사진에 담긴 '나'의
외모는 촬영자 여성의 기분을 좌우하는 요소이다. 20대
중반의 황은하는 사진 찍기가 '스스로 외모를 심판하는 행위'
같다고 표현할 정도였다. 본인의 외모가 기대보다 덜 예쁘게
나오면 "움츠러드는 느낌"이 든다는 것이다.

　　나가서 사진을 찍고 잘 나오면, 뭐랄까, 사람같이 생긴 내
　　모습에 안도해요[웃음]. 만약 사진이 잘 안 나오면 그날
　　거리를 돌아다닐 때도 움츠러드는 느낌? 잘 나오면 괜히 더

돌아다니고. 외모랑 관련이 있는 거 같아요. 그런데 사진을 많이 찍을 때 그런 느낌이 더 들어요. 나 스스로 심판하는 거잖아요. 자주 그럴수록 기준치가 높아졌다 해야 하나? 어디 가서 찍은 사진이 잘 나왔으면 다른 데 가서도 그때만큼 [잘] 찍어야 되고요. 사진을 많이 찍으러 다녔을 때 뭔가 더 기분이 오르락내리락한 거 같아요. …… 그래서 '인스타그램 여신' 같은 사람들도 일부러 잘 안 봐요. 보면 나도 그렇게 찍어야 될 거 같고 또 그랬으면 좋겠고. 나는 왜 저렇게 안 찍힐까 싶은 마음에.

자기사진은 '나'의 외모에 대한 스스로의 "기준치"를 확인하고 그에 맞춰 자신의 외모를 "심판"하며, 때로는 다른 사람과 '나'의 외모를 비교하는 계기가 된다. 스마트폰 카메라로 '나'의 모습을 촬영하는 것은 "스스로"의 일이지만, 그럼에도 '나'는 "사람같이 생긴 내 모습"을 바라볼 타인의 시선을 항상 전제하고 있다. 그래서 촬영자 여성은 "인스타그램 여신" 같은 타인과 자신의 외모를 견주어 보며 "나는 왜 저렇게 안 찍힐까 싶은 마음에" 초조해하기도 한다.

  인터뷰를 진행하며 촬영자 여성들은 자기사진을 찍을 때 자신의 시선과 취향이 가장 중요하다고 거듭 강조했다. 그러나 나는 인터뷰를 진행하면서 타인의 시선이 지니는 존재감 역시 결코 작지 않음을 확인할 수 있었다. 타인은 자기사진을 바라고 평가하는 누군가로서, 촬영자 여성들의 애인이나 가족, 친구 그리고 SNS에서 활동하는 익명의 유저들에 이르기까지 다양한 사람을 포함한다. 촬영자 여성들은 사진을 찍거나 업로드하기 전에 타인의 시선을 통해 자신이 어떻게 보일지 가늠한다. 따라서 '내가 원할 때' 사진을 찍어도 그 결과물이 항상 만족스럽지만은 않다. 타인의 시선은 촬영자 여성이 스스로의 모습을 확인하고 평가하는 시선에 잠재한 채로 늘 도사리고 있다. 즉 타인의 눈은 촬영자 여성으로 하여금 자신의 외모를 검열하고 심판함으로써 항상 '예뻐 보이게' 유지하는 감시자 역할을 한다.

[ㅁ]

　사진 속 피사체의 모습이 누군가의 감시와 통제 하에 놓여 있다는 지적은 새로운 것이 아니다. 수전 손택은 저서 『사진에 관하여』에서 촬영을 단순한 사건이 아니라, 이미지를 박제할 권리를 지닌 촬영자가 피사체를 대상화하는 위계적 행위로 보았다. 촬영자는 카메라를 사용하여 찍히는 대상의 무엇인가를 흥밋거리로 만들어낸다는 것이다. 그래서 촬영은 어떤 의미에서 "약탈"이며, 피사체는 촬영자가 "소유할 수 있는 사물"로 전락한다. 즉 사진은 촬영의 결과물로서 촬영자와 피사체 간의 불평등한 위계적 관계를 반영한다.[5]

그런데 촬영자가 동시에 피사체도 되는 자기사진 촬영에서는 양자가 뚜렷이 분리되지 않는다. 촬영자 여성은 내킬 때 본인의 사진을 찍고 '자유롭게' SNS에 게시한다. 그러나 그들은 사진 속 자신이 예뻐 보이지 않을 때 부담을 느끼고, 그들의 외모는 평가의 대상으로서 사진을 더 많이 찍을수록 높아지는 "기준치"를 달성해야 한다.

자기사진이 타인의 시선을 계산해 촬영, 업로드된다는 사실은 개인적인 사진에서도 촬영을 둘러싼 권력관계가 무너지지 않음을 의미한다. 피사체는 스스로 촬영자가 되는 경우에도 시선을 받는다는 이유로 타인의 평가와 통제에 노출된다. 다만 자기사진 속 촬영자 여성의 외모에 대한 감시와 통제는 손택이 설명한 촬영자/피사체의 구도를 통해서만 이루어지지 않는다. 여기서는 촬영자와 피사체, 그리고 '나'의 시선과 타인의 시선이 분명히 구분되지 않기 때문이다. 이때 '예쁨'에 대한 압박은 '나'와 타인의 개인적 차원의 관계보다도, 이성애자 남성의 관점이 여성의 모습을 '적절하게' 통제하는 감시자로 작용하는 한국사회의 사회문화적 배경에서 비롯된다.

사진 프레임 바깥의 권력관계는 사람들이 속해 있는

사회적 흐름과 맞물려 조성된다. 『다른 방식으로 보기』에서 존 버거는 여성과 남성 간의 불평등한 젠더 구도가 회화와 사진에도 구조화된다고 지적한다. 남성의 감시와 관찰 아래 여성은 "시선의 대상" 위치에 놓이며, 그 스스로도 남성의 시선을 내면화하여 자신을 성적 대상으로 재현하며 평가한다는 것이다.[6] 로라 멀비Laura Mulvey 역시 내러티브 영화에서 여성의 모습이 남성의 시선 아래 시각적인 쾌락을 위한 눈요기로 소비된다고 비판한다.[7] 이러한 논의는 여성을 수동적이며 '아름다운' 대상으로 규정하는 이성애자 남성의 시선이 강력한 권력을 이루고 있음을 보여준다.

[ㅁ]

이성애자 남성의 시선을 통해 에로틱하게 재현되는 여성의 이미지[8]는 인격을 지닌 사람보다는 성적인 상품에 가깝게 취급된다. 실제로 여성은 소비할 수 있는 이미지, 특히 광고와 친연성을 지닌 표상으로 만들어져왔다. 야니Denice A. Yanni는 여성이 일종의 상품, 즉 교환가치를 지닌 대상으로 여겨져왔다고 지적한 바 있다.[9] 상품화된 이미지에서 여성의 성격과 경험은 소거되며 여성은 객체화된 몸(육체)으로 축소된다. 그리고 무수한 상업광고에서 쉽게 성적 소비의 대상으로 표상되는 것은 남성보다는 여성이다.

　그런데 여성 이미지의 상품화는 여성들의 사적인
사진들과도 무관하지 않다. 20대 후반의 서혜린은 한때
공들여 꾸미고 자기사진 찍기를 즐겼으나, 남들에게 자신의
모습을 전시한다는 회의를 느껴 "쇼잉showing을 위한" 촬영을
그만두었다. 이제 서혜린은 화장기 없고 차려입지 않은
편안한 모습으로 사진을 찍는다.

　　쇼잉을 위한 거죠, 예전의 사진은. 뭔가 예쁜 사진을 건져서
　　나도 보고 남도 보게 하면 좋겠다[는 생각으로 찍었어요].
　　그게 어떻게 보면 쇼윈도에 저를 위치시키는, 장식해놓는
　　건데. …… 이제는 뭔가 굳이 SNS에 올리지 않아도 웃기고
　　즐거운 이 순간을 남겨놓기 위해서 간직하는 느낌? 나중에
　　친구들이랑 보면서 "야, 이거 봐. 개웃겨." 할 수 있는. ……
　　여성의 사진은 항상 상품 사진이에요. 전 그렇게 생각해요.
　　제가 이전에 저를 쇼잉하는 데 제 사진을 쓴 것도, 은연중에
　　그걸 알고 있기 때문이에요. 제가 얼마나 예쁘고, 얼마나
　　섹시하고, 얼마나 귀엽고, 얼마나 여성스러운지를 잘
　　보여주는 게 제 상품 가치를 높이는 일이란 걸 잘 알고 있어요.
　　그래서 사진을 찍을 때도 각도 하나, 신체 일부를 어떻게
　　보여주는 게 더 좋은지를 치밀하게 계획하고 찍은 거죠.

"여성의 사진은 항상 상품 사진"이라는 서혜린의 말은 자기사진 속 여성의 모습이 타인에게 보여주기 위한 상품의 성격을 지닌다는 점을 겨냥한다. 즉 자기사진 촬영이 남성적 관점을 전제하여 이루어진다면, 촬영자 여성의 '상품화'는 그러한 시선이 여성 자신에게 내면화하고 재생산된 결과이다. 과거의 서혜린은 사진을 통해 자신의 '귀엽고 섹시한' 모습을 어필하고 싶어 했다. 그래야만 사진 속 본인 모습의 "상품 가치를 높"일 수 있다고 생각했기 때문이다.

우리는 일찍이 대중매체나 광고를 통해 상품으로서의 여성 이미지에 익숙해져왔다. 한국사회에서 여성 이미지와 표상은 에로틱하거나 정숙한 아름다움을 보여주는 전형으로 만들어졌다. 이 흐름은 일제강점기의 엽서나 사진첩, 신문자료에서 시작하여[10] 해방 이후 산업화기, 그리고 현대에 이르기까지[11] 새로워지는 미디어를 매개로 지속되었다.[12] 한국사회에서 변화를 거듭하면서도 정형화한 여성 이미지는 달라지는 정치, 사회적 배경 속에서도 여성의 모습을 상품화하는 관점만은 견고하게 유지되었음을 보여준다.

여성 이미지의 상품화는 대중매체나 광고를 넘어 일상적인 사진에까지 침투하고 있다. 자기사진을 '예쁘고 귀엽게' 찍고 SNS에 업로드함으로써 스스로를 '쇼윈도에 장식해왔다'는 서혜린의 고백을 보면, 남성적 시선을 반영한 여성의 자기재현은 아주 일상적인 사진에서도 이루어질 수 있다.

그럼에도 자기사진에서의 재현이 광고나 대중매체에서 나타나는 이미지를 온전히 재생산하거나 답습한다고 보기는 어렵다. 젊은 여성들이 예쁘게 꾸미고 스스로를 찍는 사진에는 단순히 광고주나 소비자보다도 다양한 시선들, 즉 그 존재를 명확히 예측할 수 없는 타인이나 '나만의 사진'을 만들고자 하는 촬영자 여성 본인의 시선이 복잡하게 얽혀 있기 때문이다. 그러한 시선들은 개인적인 것과 사회적인 것 사이의 구분을 허물며, 여성의 자기재현을 협소하게 제한하는 한국사회의 젠더 권력과 맞닿는다. 그 접점을 포착함으로써 우리는 촬영자 여성들이 그토록 적극적으로 자기재현에 참여하는 까닭을 비로소 추적할 수 있다.

촬영자 여성, 기술의 주변부에서 촬영의 주체가 되다

왜 본인의 모습을 촬영하게 되었을까? 촬영자 여성들에게 사진 찍기는 재미있는 놀이이자 그 순간을 남기기 위한 기록이다. 그런데 촬영을 시작한 계기를 묻자 적지 않은 여성들은 "그냥 그렇게 되었다"고 답했다. 마침 '사진 찍기 좋은 상황이 되어서' 자신을 촬영하기 시작했다는 것이다. 새로운 기술은 여성들을 자기사진 찍기의 세계로 유인했다. 카메라폰이 반 친구들 사이에서 유행하면서, 싸이월드의 등장 이후 "어디에 올리고 표현하는 셀카가 유행을 타면서", 스마트폰 카메라의 성능이 점점 더 좋아지면서, "셀카가 유행하고 어플(카메라 애플리케이션)이 유행하니까 나도 거기에 한번 동참을 해보면서" 그들은 촬영을 하기 시작했다.

촬영자 여성들은 나만의 카메라를 갖고 자기촬영을 즐기게 된 경위를 집단적인 추억처럼 공유한다. 자기사진이 생겨난 과정을 둘러싼 기억은 2000년대와 2010년대를 거쳐 나타나고 사라진 각종 기계와 기술로 구성되어 있다. 2000년대 말에 인기를 끌던 카메라폰 '롤리팝'과 각종 터치폰, 다음으로는 스마트폰과 카메라 애플리케이션 '푸딩 카메라'와 '스노우'가 그것이며, 싸이월드에서 인스타그램으로 이어지는 SNS 플랫폼이 여기에 가세한다. '나만의 사진'을 만드는 이 기술들은 여성들의 눈길을 강하게 끌어당겼다.

사진과 카메라는 사진을 통한 여성의 자기재현이 일상화하는 과정에서 핵심적인 행위 주체로 나타난다. 즉 '내 카메라'에 대한 여성들의 기억에서 사진과 카메라는 수동적인 사물이 아닌, 촬영 방식에도 지대한 영향을 끼치는 다각적인

존재로 묘사된다. 자기사진 역시 단순한 재현의 결과물이
아니라 온라인 공간을 통해 타인의 반응과 인간관계를
이끌어내는 동원으로 기능한다. 한국사회에서 여성과 사진이
맺는 관계는 순전히 사용자의 의도와 욕구에서 비롯된
결과라기보다, 시각매체와 통신기술을 구성하는 기술 발전의
흐름이 개인과 상호작용한 하나의 현상으로 볼 수 있다. 즉
최근 들어 나타난 일상적인 촬영 문화는 촬영의 주체로
부상한 젊은 여성과, 사진 및 카메라 기술을 구성하는 각종
요소가 서로를 변화시킨 결과인 것이다.

당연하게도 사진과 카메라는 사용하는 사람의 의도나
사회문화적 배경을 무시한 채 독립적으로 작동하거나 발전할
수 없다. 한국사회의 20·30대 여성들은 부단히 새로워지는
기술로서 사진과 카메라를 접해왔지만, 그것은 중립적으로
존재하는 것이 아니라 젠더적·경제적 조건에 따라 제한된
방식으로 재조직된 결과물이다. 기술 담론은 여성과 남성으로
성별화된 개인을 기술적으로 '적합한' 위치에 각각 배치했다.
예컨대 교육 및 노동 현장에서 전문적인 기술은 주로 남성적
성향에 적합한 것으로 묘사되었으며, 기계에 대한 접근
역시 대부분 남성에게 허용되었다. 반면 여성은 남성에
비해 반복적이거나 보조적인 업무를 맡거나 돌봄노동과
관련한 기술을 주로 담당하도록 유도되었다.[13] 마찬가지로

한국사회에서의 사진 기술도 '성별화된 기술'로 구성되어왔고, 주체가 남성일 경우 촬영의 전문적인 특성이 한층 부각되는 반면 여성 촬영자의 존재는 그보다 한참 늦은 최근에야 두드러졌다. 나는 이러한 흐름에 초점을 맞추고 한국사회에서 사진과 카메라가 어떻게 성별화된 기술로 구성되었는지에 주목한다.

이후 논의는 대중매체 자료를 포함하지만 무엇보다도 일상적인 촬영에 중심을 두고 있다. 20세기 중반에 가정용 카메라가 등장한 이후 사진과 카메라가 일상에서 작동하는 방식은 크게 달라졌다. 카메라는 소형화하면서 가정과 일상의 영역에 점차 깊게 침투했으며 이에 따라 전통적인 촬영의 의례적 성격은 희박해졌다.[14] 일상적 도구로서의 카메라는 가정 내 필수품으로 자리 잡는 데 그치지 않고 기억 및 신체적 감각을 비롯한 개인의 내밀한 영역과 단단히 결합하는 기계가 되었다.[15] 현재 사진과 카메라는 여성을 시각화하는 한편, 여성의 신체를 매개로 새로운 여성적 경험과 행위를 만들어내고 있다.

[ㅁ]

필름 카메라가 대세를 이루던 1990년대 이전에도 사진은

사람들의 사적인 역사, 현실과 과거를 구성하는 중요한 시각
자료였다. 그런데 사진이 재현하는 시간의 흐름은 실제 있었던
사건을 편집하고 가공하며 일부 미화한다는 점에서 현실과는
차이가 있다. 사진은 정지한 시점의 2차원적인 이미지를
정해진 프레임 속에 담아낸다. 이때 실제 상황에서 사람들
사이를 오갔을 각종 소음과 대화, 그리고 당시의 복잡한
분위기는 소거되거나 옅은 흔적으로만 남는다. 사회학자
피에르 부르디외의 표현처럼 사진은 "상호관계 속에서
이루어진 상황을 절대순간에 이루어진 것으로 고정"[16]한
이미지다.

　부르디외는 사진이 "일상생활의 단단하고도 치밀한
현실감각을 꿈에 보이는 이미지같이 끝없고도 덧없는 연속된
이미지로" 바꾸어놓는다고 보았다.[17] 사진은 유동적이며
복잡한 현실에서 정적인 이미지만을 떼어내서 보여준다는
것이다. 이렇듯 사진은 상황의 단편일 뿐인데도 그 사건에
대한 객관적이며 영속적인 재현으로 남는다. 게다가 사진은
원본을 여러 장 복제할 수 있다는 점에서 계속 이동하며 노출
범위를 확장하는 매체이기도 하다. 이에 관해 철학자 발터
베냐민은 사진의 복제 가능성이 추동하는 사회적 변화를
일찍이 지적한 바 있다. 사진은 무한히 복제할 수 있으므로
예술작품과 달리 원본의 가치가 중요하지 않으며, 그 복제

가능성은 이미지를 사적으로 소유하려는 현대인들의 욕구를 반영하고 증폭시킨다는 것이다.[18] 이는 한 세기 이후의 디지털 사진에까지 적용되는 통찰이기도 하다.

1990년대 이후 촬영에 디지털 기술이 도입되면서 전통적인 사진의 개념은 뒤바뀐다. 디지털 사진 속의 이미지는 적극적으로 조작하고 변형할 수 있기 때문이다. 디지털 사진의 재현 능력은 초기의 필름 사진과 달리 현실을 충실히 담는 데 그치지 않는다. 촬영된 이미지는 끊임없는 복제와 편집을 거치면서 최초의 촬영자뿐 아니라 그 이후 사진을 접하는 사람들에 의해 그 의미가 재구성된다.[19] 따라서 디지털 사진, 정확히 말하면 디지털 이미지로서의 일상 사진이 현실이나 과거 기억을 구성하는 방식은 매우 유동적이다. 디지털 사진의 시대에 일상 사진의 촬영자이자 피사체로 등장한 여성은 이런 조작 가능성을 능숙하게 활용하는 주체이다.

자기사진은 스마트폰이라는 최신의 기술을 통해 일상적 차원과 더욱 밀착하게 되었다. 사람들은 늘 스마트폰을 휴대하므로, 이 작은 도구를 이용해 습관적으로 찍는 사진의 양은 이전과 비교할 수 없을 정도로 많아졌다. 스마트폰의 등장 이후 촬영은 특별한 일이라기보다 습관에 가까워졌으며, 사진 찍기 역시 몸에 보다 밀착한 신체적 수행으로 탈바꿈했다.[20] 또한 디지털 사진은 스마트폰을 타고 SNS 공간으로 옮아감으로써 사람들 간의 교류를 이끌어낼 매개로도 작동한다. 자기사진을 찍는 여성들의 존재 역시 다른 무엇보다 이러한 관계를 통해 외부로 드러나고 있다.

[ㅁ]

디지털 사진과 스마트폰이 새로운 촬영 문화의 기술적 주역으로 작동했다면, 이른바 '셀카'로 통칭되는 사진의 자기재현 방식은 어떤 사회문화적 토대 위에서 지금처럼 자리 잡았을까? 최근의 촬영 방식이 지닌 신체적·감각적인 측면을 예리하게 짚어낸 연구도 간혹 있지만 이조차도 사진 찍기 수행에 참여하는 이들의 동기로 "자아도취적 욕망"을 지적할 뿐이다.[21] 이제껏 여러 학술연구와 대중적인 관점을 막론하고 젊은 여성들의 자기사진은 이와 크게 다르지 않은 방식으로 비춰져왔다. 공들여 연출한 옷차림과 예쁜 얼굴, 그리고 신경 써서 배치한 물건과 배경으로 완성되는 자기사진 특유의 미감도 촬영자 여성들의 과시 욕구를 보여주는 증거로 해석되곤 한다.

나 역시 여러 여성들과 인터뷰를 수행하면서 이러한 측면을 일부 확인할 수 있었다. 촬영자 여성은 자기사진을

통해 자신의 "가장 예쁜 모습"을 찾아내려 노력하며, "나의
가장 괜찮은 모습"을 남들에게 보여주면서 자신감을 얻는다.
그러나 이들의 '자아도취적인 모습'은 오로지 개인적인
욕망에서만 비롯되지 않는다. 사진과 및 카메라라는 기술이
사회문화적 배경 속에서 재구성된다면, 일상 사진으로서
자기사진의 미감 역시 한국사회에서 젊은 여성의 사회적
위치와 입장을 반영한 결과로 보아야 한다.

피에르 부르디외가 지적하듯 일상 사진에서의 재현 방식은
문화적인 '적절함'을 규정하는 현실의 사회적 환경과 맞물려
구성된다.[22] 부르디외는 일상 사진이 사실을 묘사하고자 하는
기대를 반영하면서 예술 사진과는 다른 층위에서 특유의
아름다움을 재현한다고 보았다. 여기서 일상 사진은 어떤
"문화적 이상형", 즉 자연스러움을 만들어내려는 연출의
결과물이다.[23] 그렇다면 자기사진 특유의 '자연스러운 미감'은
촬영에서 느끼는 개인적인 취향과도 무관하지 않지만
동시에 외부의 사회적 환경을 반영하여 형성된 "기능적
미학"[24]이기도 하며, 사적인 영역에 국한된 '나르시시즘'의
표출과는 거리가 있다.

일상 사진과 사회적 배경의 관계는, 자기사진이 널리
공유되는 온라인 플랫폼이 기본적으로 타인과의 관계에
근거해 구축되는 공간이라는 점에서도 드러난다. 2000년대에

큰 인기를 끌었던 초기의 SNS 플랫폼, 싸이월드는 미니홈피 서비스를 통해 '나만의 공간'을 꾸미는 즐거움을 제공하기도 했다.[25] 그러나 미니홈피의 사진첩은 오로지 나만이 열람할 수 있는 폐쇄된 사적 공간으로 유지되지 않았다. 그보다 사진을 매개로 지인과 교류하며 친밀함을 유지하고 때로는 낯선 타인의 시선을 끄는 장場에 가까웠다. 이처럼 일상적인 사진은 인간관계의 형성과 유지에 깊게 개입하며, 최근 적극적으로 자기사진을 촬영하는 젊은 여성들의 실천은 타인과의 관계 맺기를 위한 소통의 의미도 띤다.

현재 한국사회에서 젊은 여성은 스마트폰으로 일상 사진을 찍는 대표적인 주체로 꼽는다. 이들은 대개 자신의 모습에 도취한, 별난 나르시시스트로 비춰지곤 한다. 한편으로는 디지털 매체가 추동한 셀카 현상의 사회문화적 의미에 주목하고 미시적인 관점에서 촬영 과정을 추적하거나,[26] 여성주의적 관점에서 20대 페미니스트 여성들의 일상적 촬영에 초점을 맞추는 시도[27]도 있었다. 그럼에도 많은 여성들이 자기사진 찍기를 그토록 좋아하며 즐기는 것은 무엇 때문이고, 자기사진 찍기가 자신의 모습을 외부에 보여주는 것 이상으로 어떤 복합적인 의미를 지니는지는 충분히 조명되지 못했다.

나는 촬영자 여성들이 사진을 찍고 공유하는 과정을

관찰하고, 여러 차례의 인터뷰를 통해 그들의 감상과 경험을 들으면서 자기사진 찍기의 내부적 사정에 접근할 수 있었다. 내가 초점을 둔 대상은 자기사진과 페미니즘 실천을 의식적으로 연결하지 않는, 즉 '자연스러운 예쁨'을 보여주는 자기사진의 연출 방식에 반박하지 않는 여성들이다. 이들의 촬영은 자기연출이라는 일관된 목표 위에서 이루어지지 않는다. 여성들은 '예쁘게' 자신의 모습을 담지만 너무 튀지는 않게, 다른 사람의 시선을 받되 그러한 노출이 지나치지 않기를 원한다는 점에서 모순적인 태도를 취한다. 나는 촬영자 여성들이 '좋아서 찍는' 사진 속에 녹아든 즐거움과 재미, 슬픔, 그리고 공포를 읽어냈다. 그리고 페미니스트로 자임하지 않는 여성들이 자기사진을 통해 '내 몸의 이미지'에 대한 소유권을 자각하고 주장하는 과정을 추적하고자 했다.

2장

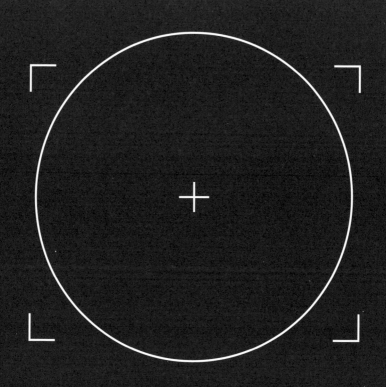

피사체에서
일상의 촬영자까지

일상적인 촬영이 지금처럼 보편화한 것은 그리 오래되지
않았다. 19세기 말 조선에 사진 기술이 도입되었으므로
한국사회와 사진은 한 세기가 넘도록 관계를 맺어온 셈이지만
가정용 카메라가 널리 보급된 것은 그보다 한참 시간이 흐른
1980년대 후반 즈음으로, 그 전에는 소수의 사람들만이
일상의 모습을 사진으로 남길 수 있었다. 한국사회와 사진
기술의 관계는 일제강점기에서 해방 전후, 그리고 산업화
시대에서 최근에 이르기까지 역사적 흐름 속에서 빠르게
변모하며 형성되었다. 일상의 스냅사진은 물론 기술 발전으로
인해 촬영이 가능해졌지만 무엇보다 사회문화적 배경과
맞물려 지금과 같은 방식으로 자리 잡았다.

　　그러한 역사에서 여성이 사진과 맺어온 관계는 흥미롭게

포착된다. 일상적인 촬영이 그리 흔하지 않았던 시절부터 사진 매체는 여성을 대상화하는 시선을 본격적으로 만들어낸다. 대중매체의 보도사진이나 사진관의 가족사진, 또는 광고 속의 이미지는 도시를 배경으로 복잡하게 뒤얽혀 여성 이미지를 다양하지만 전형적인 모습으로 재현했다.[1]

도시 여성, 사진의 피사체가 되다

사진은 1920년대를 거치며 한국인들 사이에서 점차 익숙한 존재로 자리 잡았다. 특히 초상 사진의 일상화는 여성과 아동에게도 반가운 일이었다. 이들은 모던걸이나 신가정新家庭의 주부, 그리고 어린이라는 이름 아래 사진을 통해 재현되기 시작했다. 사진은 이렇듯 조선의 '근대적 주체'를 담는 이미지이기도 했다. 그러나 사진관이 한창 보편화하던 시기에도 여성들은 외출이 어려웠으며 남성 사진사를 자유롭게 대면하기 어려웠던 탓에 여성 전용 촬영 공간을 찾아야만 했다. 자연스럽게 몇몇 사진관은 여성 사진사를 고용하거나 여성 전용 촬영 장소를 따로 설치하기도 했다.

당시 여성 사진사에 대한 기록은 많이 남아 있지 않고,

1920년대 초에 '부인사진관'을 개업한 이홍경의 사례가
확인되는 정도다. 이홍경은 근화여학교 사진과에서 학생들을
가르친 교육자이기도 했다.[2] 근화여학교의 사진과는
1926년 설립되어 1928년 사라졌는데, 이를 제외하면 당시
조선에서 여성을 위해 운영되던 사진교육기관은 YMCA
사진부 정도였다.[3] 여기서 사진을 공부한 여성들이 어떠한
이들이었는지는 자세한 기록을 찾아보기 어렵다. 다만
활동하는 사진사 대부분이 남성인 상황에서, 도제식으로
알음알음 사진술을 배우는 폐쇄적인 분위기[4]에 여성이
들어가기란 한층 어려웠을 것으로 보인다. 이홍경은 사진사
남편과 일하면서 사진 기술을 독학한 매우 이례적인 경우에
속했다.

특히 엽서나 광고를 비롯한 대중매체가 급속히
확산되면서 여성들은 촬영자보다는 피사체로 자리 잡았다.
식민지 조선의 여성들은 사진을 통해 '동양의 미'를 어필하는
순종적이고 에로틱한 기생[5]으로, 때로는 신가정에서
알뜰살뜰히 살림을 꾸리는 '정숙하며 근면한 주부'[6]로
비춰졌다. 이처럼 사진은 여성의 이미지를 가시화하면서도
성별화한 존재로 규정했다. 현실에서도 여성들의 초상 사진은
'적절한 가족 관계'와 '정숙함'을 드러내야 할 압박을 받았던
것으로 보인다. 결혼 전에 외삼촌과 찍은 사진이 이혼의

구실이 될 정도로[7] 가족의 테두리를 벗어난 여성의 초상
사진은 쉽게 비난의 대상이 되곤 했기 때문이다.

근대 도시에서 등장한 또 다른 여성, 일명 모던걸이
사진에서 재현되는 방식은 더욱 복잡하다. 이들은 근대
교육을 받아 지적 능력을 갖춘 여성[8]이나 문학이나 예술 같은
교양 취미가 있고 자유연애를 즐기는 여학생[9], 때로는 "뾰족한
구두에다 오페라박(백) 들고 향수 크림 등속에 향취가 나는"[10]
여자로 그려진다. 당시 신문의 문화·사설·가십 난에는 새롭게
거리에 등장한 모던걸의 존재를 두고 공격하는 기사가 적지
않았다.[11] 한 사설은 모던걸을 "불량소녀"로 부르며 다음과
같이 성토한다. "한길을 가다가도 신녀성인지 화류계 녀자인지
교양이 잇는 듯, 업는 듯 행색을 알 수 없는 녀성"들이
보이는데, 이들이 "어떠한 가면을 쓰고 사회의 암흑면을
걸어 다니는 이인 것은 의심이 업슬 것"이라는 비난이다.
심지어는 모던걸이 조선 도회에 "창궐"한다면 그것은 "일종의
전염성을 가진 질병과 마찬가지"이므로 가정에 선도를 맡겨야
한다고 주장한다.[12] 이 사설은 누군가의 딸이나 어머니로서가
아니라, 독립적이자 개별적인 주체로서 공공의 장에 등장한
모던걸[13]을 노골적으로 겨냥하고 있다.

'모던걸'은 지적인 신여성 외에도 "여학생이기도 하고
기생이기도 하며, 여급이기도 한" 여성들을 모두 관음의

[사진 1] 1930년대 전후 신문에 실린 신여성의 모습들.
왼쪽부터 차례대로 서구 백인 여성들, 만평에 묘사된 신여성, 여성운동가 김미리사.
왼쪽:《동아일보》, 1929,「모던껄의 길어가는 치마」, 11월 28일.
가운데:《동아일보》, 1930,「소위 모던껄의 미(美)는『광물적(礦物的)』?」, 11월 23일.
오른쪽:《동아일보》, 1930,「근화녀교의 오주년과 교장 근속 십주년 긔념」, 9월 25일.

대상으로 묶어내는 수사로 쓰였다.[14] 따라서 다른 무엇보다
외양이 모던걸을 판별하는 중요한 기준이 된 것은
자연스러웠다. 그러나 '허영에 찌든 모던걸'의 이미지는 서구
백인 여성들의 사진이나 만평을 통해 과장된 측면이 크다.
만평은 서구식의 머리 모양이나 화려한 의복, 장신구를
과장해 그려내며 모던걸을 우스꽝스럽게 표현하곤 했다.
모던걸은 서양식 매무새와 차림을 좇고 사치만 탐하는
여성들로 묘사되며, 1930년대 말 일제에 의해 전시체제가
구축된 후 모던걸의 '사치와 향락'은 본격적인 비난의
대상으로 자리 잡는다.[15]

그런데 보도사진에서는 '사치를 일삼는' 모던걸의 모습이

만평에서만큼 확연하게 드러나지 않는다. 서양식 복식을 한 기생의 화보[16]를 제외하면 그림처럼 차려입은, 또는 무리지어 거리를 돌아다니는 모던걸의 사진은 찾아보기 어렵다. 여학생이나 여성 사회운동가를 신여성으로 소개한 여러 기사들에서도 마찬가지다. 인물 소개란에 조그맣게 실린 이들의 모습은 모던걸 담론에서 비난을 퍼부은 사치나 허영의 화신과는 거리가 멀다. 현실의 모던걸은 쪽 찐 머리에서 단발까지 저마다 다른 머리 모양에, 통치마에서 양장에 이르기까지 서로 다른 차림새로 사진에 담겨 있다. 현실 속 이들의 사진은 허구적으로 부풀려져 상상된 모던걸의 이미지를 반박해낸다.

그렇다면 도시에서 살아가던 또 다른 여성들은 어땠을까? 도시의 저임금 여성 노동자들을 다룬 기사, 1920년대 후반 《동아일보》에서 연재한 「돈벌이하는 여자직업탐방기」 시리즈(이후 「여자직업탐방기」)[17]는 그에 대한 단서를 제공한다. 「여자직업탐방기」는 당시 새롭게 출현한 여성 직업을 사진과 함께 소개하며 노동자들이 겪는 설움을 자세히 기술한 시리즈였다. 여기서 "비교적 고급의 직업"으로 설명한 교사를 제외하면 대부분이 육아·보조 업무[18]·공장 업무 등의 저임금 노동에 해당한다. 다만 「여자직업탐방기」는 저임금 여성 노동자들이 처한 열악한 노동조건을 일부 묘사하지만 적극적으로 고발하지는 않고 있다. 대개는 "꽂가티" 연약하지만 성실한 여성 직업인들의 모습을 아름답게 그리거나 도시에서 일하면서 '순결을 잃은' 여성들의 비애를 언급하는 데 그친다. 찬찬히 살펴보면, 기사의 목적이 열악한 노동 현실을 비추기보다는 여성들에게 몇몇 특정한 직업을 권유하는 데 있다는 점이 드러난다. 《동아일보》에 실린 다른 사설들에서 말하길,

> [직업에는] 남성과 여성의 구별이 잇스며 …… 부인은 생리상의 모든 원인으로 격렬한 노동을 감당치 못할 것은 더 말할 것도 업지만 …… 호긔심만이 직업의 선택을 좌우하야서는 안 된다. 여성이 여성에게 적당한 직업을 가리는 것이 현명한 처치라 하겠다. 남성의 직업권 안으로 자꾸 들어오는 것만이 여성의 영예가 되지 못한다.[19]

> 될수록은 부인은 가정에서 전책임자가 되어서 활동하는 것이 어데까지 자연스럽게 보입니다. 그러고 단지 부인이 밖에 나가 일하는 것으로 가장 적당하다고 생각하는 것은 학교 교원 생활이겠습니다. …… [그러나] 우선 일반으로 비교적 쉽게 될 수 있는 사무원이라든가 상점의 점원 혹은 뻐스껄[이 있는데,] …… [그 지원자 중] 사치한 의복 굽노픈 조흔 구두나 사 신기

위하야 직업을 가지랴고 하는 일부분의 사람이 있다는 것은
극히 아름답지 못한 일입니다.[20]

위 사설이나 「여자직업탐방기」는 사회 진출에 대한 여성들의
욕망을 상당히 부정적으로 그리고 있다. 조선 여성에게
"적당한 직업"을 소개한 데에는 남성 직업인들에게 필요한
보조 업무나, 저임금·장시간의 공장 노동에 여성의 노동력을
동원할 필요성이 크게 작용했을 것이다. 게다가 돈을 버는
여성들은 월급으로 좋은 옷과 구두를 사거나, 일 때문에
"가정에서 전책임자"가 되지 못할 경우 '자연스럽지 못하다'는
비난에 직면해야 했다.

그럼에도 「여자직업탐방기」는 여자들의 사진을 싣고
있다. 사진 속 돈 버는 여성들의 모습은 '화류계 여성' 또는
모던걸이나 정숙한 주부 등의 단순한 유형으로 깔끔히
분류할 수 없을 정도로 다채롭다. 사진은 당시 도시에서
근근이 살아가던 여성 노동자의 모습을 글보다도 생생히
보여준다. 기사는 "카페 웨트레쓰(웨이트리스)"를 "새로 살길을
발견한 듯 덤비는" 악착같은 여성으로 소개한다. 기자는 카페
여성 종업원들에게 '시집 갈 생각은 없느냐', '"사나희(손님)"와
서로 희롱해볼 마음은 없느냐'고 측은한 투로 묻고, 이들이
예전에는 "아름다운 마음을 가젓든 깨끗한 처녀"였지만

[사진 2] 카페 웨이트리스들.
《동아일보》, 1928, 「돈벌이하는 여자직업탐방기(9) 새로 살길을 발견한 듯 덤비는 『카페』의 『웨트레쓰』 설음 〈상(上)〉」, 3월 4일.

"상배喪配, 실연, 해태懈怠, 허영 등으로 인하야 적합한 직업을 엇지 못하얏기 때문에" 웨이트리스라는 "끗장가는 직업"을 얻었다고 덧붙인다. 기사는 경성 안에서 일하는 여성 종업원의 수가 대략 이삼십 명이라 기록하며 "타락의 구렁"에 빠진 이들의 운명을 짐짓 안타까운 태도로 한탄한다.

그러나 종업원들이 "웃음을 팔며 애교를 팔아서라도" 손님에게서 "한 푼이라도 얻을 궁리"를 한다는 기자의 설명이 무색하게, [사진 2]에 등장하는 이들은 하나같이 무표정이다. 입식 테이블과 철제 의자가 카페 안을 채웠으며 벽과 문은 격자 프레임으로 짠 유리창이다. 사진에 등장하는 웨이트리스들은 뒤로 돌아앉아 얼굴이 보이지 않는 남자 손님을 가운데 둔 채 가만히 서 있다. 아마 "P 카페"를 인터뷰한 기자의 요청으로 연출한 장면일지도 모른다. 맨 왼쪽 종업원은 술병 가운데를 잡은 채 손님이 잔을 비우길 기다린다. 생활을 묻는 기자에게 종업원은 네다섯 시가 거의 되어서야 자게 되며 "호화스러운 듯해도 이 같은 고생이 없다"고 답했다. 그 피로감이 사진 속 얼굴에 고스란히 드러나는 듯하다.[21]

전화교환수 편의 보도사진([사진 3])도 흥미롭다. 사진은 일렬로 앉아 일하는 여성들을 프레임에 함께 담았다. 전화교환수는 "모시모시"를 부르는 고객에게 "하이하이, 난방(네네, 몇 번으로 연결해드릴까요)"이라 "꾀꼬리 가튼 말소리"로 답하고 있다. 침착한 숙련이 돋보이는 "그야말로 꽃 가튼 방년의 여자들"이다. 고개를 약간 숙인 채 일제히 헤드폰을 쓰고 있는 그들의 모습이 이채롭다. 그러나 이들은 교환대 하나에 세 사람씩 앉은 채 한눈을 팔기는커녕 사적인 말 한 마디도 할 수 없었으며 "한 사람이 매시간에 근 백 번의 뎐화를 취급"해야 한다. 교환수들은 쪽을 찌거나 머리를 땋아내린 채 치마저고리 차림으로 앉아 등을 돌리고 일하고 있다. 또한 이들은 옆 사람과 팔이 닿을 만큼 좁은

[사진 3] 여성 전화교환수들.
《동아일보》, 1928, 「돈벌이하는 여자직업탐방기(1) 『하이하이, 난방』이 입버릇된 교환수 아가씨의 설음 〈상(上)〉」, 2월 25일.

간격으로 칸막이 없이 일렬로 늘어앉았는데, 앉아 있는 의자에 등받이는 없다. 기사에서 이들은 "압헤는 손님의 야비한 욕설"이, "뒤에는 교환감독의 꾸지람"이 있다며 고통을 호소하기도 했다.[22] 박봉을 받으며 일하는 전화교환수의 모습은 지금의 콜센터 직원들과도 닮아 있다.

여성 직공들 또한 좁은 공간에서 고된 집단 노동에 시달렸다. 「여자직업탐방기」의 "어린녀자직공생활" 편은 여공들을 "여자직업 중 가장 현대적 특색이 잇고 또 비교적 다수"로 소개한다. "훌륭한 건물 굉장한 설비도 으리으리하거니와 멋백 명 또 멋천 명식이 어울어저서 군대와

[사진 4] 퇴근하는 여성 직공들.
《동아일보》, 1928, 「돈벌이하는 여자직업탐방기(5) 햇빛도 변변히 쏘일 수 업는
어린녀자직공생활 〈상(上)〉」, 2월 29일.

가티 일하고 잇는 것은 현대문명의 자랑"이라고도 덧붙인다.
게다가 출입이 자유롭지 않았던 시절의 여성들에 비하면
이 "꼿가티 젊은 처녀들"의 모습은 지극히 자유롭고 행복한
것 같다고도 한다. 그러나 인터뷰에서 여공들은 하루 열네
시간이나 지속되는 "각종 비참과 고통이 가득 찬" 노동에
대해 토로한다. 기사에 함께 실린 사진([사진 4])은 황혼에
집으로 돌아가는 여공들의 모습을 흐릿하게 담고 있다. 사진
속의 여공들은 대개 치마저고리에 길고 어두운 웃옷을 입은
채 건물을 등지고 걸어가고 있다.[23] 고개를 돌리고 이야기를

[사진 5] 버스걸.
《동아일보》, 1928, 「조선여성의 새
직업: 가두(街頭)에서 분투하게 된
뻐스껄의 설음」, 4월 25일.

나누는 이들도 눈에 띈다. 족히 몇십 명은 되어 보이는 이들의 노동 장면은 아쉽게도 사진에 없지만 닭장과 같은 공간에서 일한다는 점에서는 전화교환수들의 모습과 그리 다르지 않았을 것이다.

「여자직업탐방기」와는 또 다른 기사에 실린 '뻐스껄'의 독사진([사진 5])도 눈길을 끈다. 기사에 의하면, 경성에 버스가 들어온 1928년 4월 이래 조선 여성들이 차장으로 채용되어 "그만치 여성직업의 범위가 늘엇다"고 한다. 버스걸들은 "'코발트'빗 정복에 크다란 혁대로 왁살스럽게 허리를 잡아매고 압헤는 가죽가방을 [내려뜨린 채] …… 멍덕 가튼 모자를 귀를 덥허 깁숙이 쓰고" 일했다. 이처럼 "꼿가티 젊은 여성이 괴상한 복색을 하고 한길로 내달리는 것을 구경"하는 시민들도 많았다. 사진에서 버스를 등지고 선 버스걸은 사진사를 앞에 두고 시선은 다른 곳에 둔 채 손을 모으고 있다. 앞서 소개한 사설은 상점 종업원이나 버스걸 지원자 중에서 "사치한 의복 굽노픈 조흔 구두나 사

신기 위하야 직업을 가지랴고 하는" 이들도 있다고 비난하고,
실제로 사진 속 버스걸도 무릎을 덮는 치마에 구두 차림을
하고 있다. 그러나 얼핏 잘 차려입은 것처럼 보이지만
"노동하는 일곱 시간에 …… 흔들리는 '뻐스' 안에서 승객의
무릎과 꽁무니에 전신을 충돌하야가며 조선말과 일본말로
목이 쉬도록 웨치는" 버스걸의 노동은 녹록지 않았으리라
짐작된다.[24] 새롭게 도시에 들어온 근대적 교통수단은, 박봉을
대가로 고되게 노동하는 버스걸과 같은 여성들을 '화려한'
심볼 삼아 도시를 가로질렀던 것이다.

카페 웨이트리스, 여성 전화교환수와 공장노동자, 버스걸은
도시의 구석구석에서 일했다. 직접 돈을 버는 직업인이
되었음에도 그 생활은 너무나 고달팠으며 적은 월급조차
마음대로 쓴다면 사치를 한다는 비난이 쏟아지곤 했다.
「여자직업탐방기」에 실린 사진은 기사 내용이 충분히 담지
못하는 1920년대 여성들의 현실을 생생하게 보여준다. 기자는
여성 직업인의 '꽃 같은' 모습을 거듭 강조하는 데 그치지만,
사진에서는 정숙함이나 에로틱함으로는 설명할 수 없는
생활인의 면모가 드러난다. 도시의 저임금 여성 노동자들은
기생, 주부, 모던걸과 함께 일제강점기 경성을 살아가고
있었다.

가정용 카메라를 쥔 주부 촬영자

카메라 대중화 시대가 도래하기 전부터 오랫동안 가정용 카메라는 집집마다 하나쯤 갖추고 있다고 하지만 현실에서는 아무나 살 수 없는 물건, '보통 사람들'의 선망 어린 시선을 받는 고급품이었다. '스위트 홈'이라면 가정용 카메라를 들여야 한다는 식의 부추김은 1960년대부터 계속해서 나왔다. 특히 언론매체는 카메라를 갖춘 가정이 극히 드물었던 때부터 '카메라 선망'에 한몫을 더했다. 기사와 광고들은 단순히 카메라 다루는 방법을 설명하는 데 그치지 않고 '현대적 문화생활'을 영위하는 데 가정용 카메라가 얼마나 중요한 의미를 지니는지 열변을 토하곤 했다.[25] 대중매체는 가정용 카메라 담론을 일찍부터 생성해냈으며, 이는 1980년대를 지나며 기기 보급률이 상당한 폭으로 성장하는 배경이 되었다. 86 아시안게임과 88 서울올림픽을 전후하여 가정용 카메라의 보급률이 폭발적으로 증가하기 이전까지 카메라는 이미 '상상의 필수품'으로서 중산층 가정을 중심으로 일상에 스며들고 있었다.

일상적 촬영이 드물었던 당시에도 카메라는 "나날이 자라나는 어린이들과 찾아오는 손님들", 가족여행과 기념일 풍경을 촬영하는 도구로 통했다.[26] "어린이의 소꿉장난,

어머니의 빨래하는 모습, 가족들의 식사 장면은 물론 가정의 연중행사" 등의 소재를 "마치 일기를 쓰듯 포착"하는 사진 촬영은 단란한 가정생활에 필수적이었다.[27] '단란한 가정'과 카메라의 끈끈한 관계는 1980년대까지 이어진다. 이때가 되자 "딸을 시집보낼 때 그 딸의 성장을 사진으로 기록한 앨범 한두 권만은 꼭" 주는 것이 상례로 언급되기도 한다.[28] 그런가 하면 사람들은 "비싼 카드를 사느니보다는 카메라로 찍은 자연스러운 가족사진"을 친지들에게 보내며, 사진을 통해 가정의 단란함을 외부에 보여주었다.[29]

단란한 가정이면 으레 갖출 물건으로 홍보되었지만, 실제로 1960년대의 일반 가정에서 카메라를 사기는 쉽지 않았다. 당시 신문에는 학생용 카메라 광고나 학생을 위한 카메라 강좌 소식이 종종 실렸으나 일부 부유한 집의 경우가 아니라면 카메라는 여전히 개인보다는 가정의 소유물이었다. 게다가 카메라를 구비한 집에서 셔터를 누를 권한은 아이들보다는 자연히 부모에게 주어졌다. 가정의 촬영자는 카메라를 든 가장(아버지)과 생활을 기록하는 주부(어머니)로 한정되었던 것이다. 이때 가장과 주부는 서로 다른 방식으로 카메라를 사용하도록 유도된다. 둘 가운데 셔터를 먼저 점한 이는 단연 아버지지만,[30] 남편이 매만지던 카메라로 "귀여운 어린이들을 찍어대는 가정부인"들 역시 1960년대 초반부터 주목을 받기 시작한다. 한 기사에서는 어린이의 노는 모습이나 일상생활을 찍는 데는 직장을 가진 '주인'(남편)보다 집을 지키는 주부가 알맞다고 주장한다. 기사는 어린이에 초점을 맞추고 찍기 쉬운 장면을 연출하는 비결을 주부에게 소개하면서, 조리개 노출 등을 아침에 '주인'이 맞추어두고 거리도 미리 정해둔 다음에야 주부가 카메라를 잡도록 권장한다.[31] 남편이 맞춰둔 설정이 모든 때와 장소에서 적합할 리가 없는데도 주부는 그저 셔터만 누르는 기계적인 촬영자로 여겨진 것이다.

주부 촬영자는 복잡한 기술을 익히지 않으면서 어린이들이나 가정 내 모습을 찍는 사람이었다. 당시 대부분의 신문기사에서 여성 촬영자는 청소년이나 미혼이 아니라 거의 주부의 모습으로 나타났다([사진 6]).[32] 젊은 혼성 사진클럽을 다룬 기사도 드물게나마 있지만 여기서도 "야외촬영을 나가고 암실에서 사진을 굽고 하는 등의 일은 아무래도 남성들이" 주도하는 것으로 나온다. 반면 "발랄한 대학생"으로 사진클럽에서 활동하던 여성들도 일단 결혼하면 클럽에서 물러나며 이들의 사진 기술은 "한 가정의 역사를 사진으로 남기기에 족한 …… 결혼 전 훈련"쯤으로 비춰진다.[33] 이렇게 여성들은 남성에 비해 카메라의 기술적 측면과는 동떨어진 채 가정 내 일상생활의 촬영을 전담하는 '주부

[사진 6] 주부 촬영자의 모습. 모두 아이들과 함께 있다.
위:《동아일보》, 1961, 「가정주부도 『카메라』를」, 8월 21일.
아래:《동아일보》, 1973, 「앨범속에 이 가을을…값싸고 손쉬운
사진촬영 가이드」, 9월 19일.

촬영자'로 묘사되었고, 카메라를 비교적 전문적으로 사용하던 여성 사진사의 촬영도 사정은 마찬가지였다. 소규모 사진전을 연 주부들을 취재한 기사에서, "어머니 사진전"이라는 이름 아래 평론의 중점은 사진이 가정의 일상생활을 얼마나 생생하게 보여주었는가에 맞추어져 있다.[34]

주부라는 편협한 역할에 맞게 여성 촬영자를 규정하는 담론은 가정 내 성별 분업이 강화되던 산업화기의 사회적 흐름과도 맞물려 있었다. 이른바 정상가족의 테두리 안에서 가정주부는 살림살이와 육아를 전담하도록 유도되었고, 주부들의 촬영 역시 단란한 가정을 꾸미는 활력소가 되어야 했다. 가족적인 추억을 되새길 수 있도록 어린이들의 노는 모습을 촬영하고, 때로는 아파트단지 근처 등 멀지 않은 장소로 야외촬영을 나가는 식으로 여성들은 카메라를 들었다. 그렇지만 주부 촬영자들의 열정은 그 이상으로 나아가기도 했다. "눈이 오는 날은 설거지하다 말고 창경원으로 뛰어가"거나 "카메라를 메고 엎드리는 등 갖은 폼을 다 잡"는 등 사진에 열중한 주부들의 재미가 신문기사에서 틈틈이 엿보인다.[35]

주부 촬영자의 소재는 가정의 모습에 국한되었지만 '가장 촬영자'는 그렇지 않았다. 정확히 말하면, 카메라 든 가장의 모습은 남성 촬영자의 선택지들 가운데 하나에 불과했다.

남성들의 촬영에는 가정적 소재가 크게 권장되지 않았기
때문이다. 때로는 카메라를 쥐고 주말에 아이들과 단란한
시간을 보내는 아버지의 모습이 건전하게 비춰지기도 하지만,
남성 촬영자는 비단 아버지뿐 아니라 '스트레스 해소를
위해 카메라 촬영을 즐기는 샐러리맨'이나 "하나의 테마를
위해 한자리에 잠복해서 몇 시간씩 기다리는 아마튜어
사진사"도 될 수 있었다.[36] 중산층 남성들의 카메라 사용은
주부의 실용적인 촬영과는 달랐다. 스트레스에 시달리는
샐러리맨들은 술로 마음을 달래는 대신 카메라를 들어
"건전하게 여가를 선용함으로써 생활의 먼지를 말끔히
떨쳐버리는 지혜"를 발휘할 수 있었기 때문이다. 가장족家長族
샐러리맨에게 사진 촬영은 등산, 테니스, 고궁 산책과 함께
건전한 취미 활동의 하나로 권장되었다. 사진 촬영은 종종
아버지가 자녀와 쉽게 어울릴 수 있는 구실이 되기도 했지만,
가정적인 아버지의 촬영 범위는 살뜰한 어머니의 그것보다
훨씬 넓었다. 그리고 남성의 촬영은 여성에 비해 소재와
범위도 자유로웠던 데다 전문성 역시 확보할 수 있었다.

카메라 대중화 시대의 풍경

단란한 중산층 가정을 화합하게 하는 도구, 그리고 최첨단
기술이라는 언뜻 상반되어 보이는 두 가지 의미는 가정용
카메라를 통해 하나로 구현되며 기술 발전에 대한 장밋빛
전망과 연결되었다. 1980년대 후반에 이르러 가정용 카메라는
훨씬 다양한 종류로 개발되어 인기를 끌었다. 특히 1986년
아시안게임과 1988년 서울올림픽을 거치며 카메라 업계는
더욱 호황을 누렸다.[37] 세계화에 대한 이른 흥분 속에서
카메라는 미래 지향적인 동시에 누구나 즐길 수 있는
기술의 산물로 비춰졌다.[38] 물론 1989년 기준으로 '값싼
카메라' 역시 여전히 6~7만 원에서 20만 원까지의 가격을
유지하고 있었으므로 마냥 저렴하지만은 않았다.[39] 그럼에도
서울올림픽을 기점으로 카메라 등 외제 가전제품을 이전보다
자유롭게 수입할 수 있게 되었으며, 이듬해에는 카메라를
비롯한 전자제품에 부과되는 관세율과 특별소비세율이
크게 낮아져 대중의 구매를 부추겼다.[40] 이런 상황에서
국내 전자기업은 저렴한 가격의 보급형 카메라, 일명 '콤팩트
카메라'를 경쟁적으로 내놓았다.[41] 1990년대에 접어들며
카메라 보급률은 꾸준히 높아졌으며[42] 컬러사진을 현상하는
현상소도 대폭 늘어났다.[43]

카메라는 여전히 경제적 중상류층과 도시 공간에 친화적인 기기[44]였지만 1980년대 후반 들어 점차 많은 사람들이 카메라를 다루게 된 것도 분명한 사실이다. 1990년 이후에는 생활용품 대여점을 통해 카메라를 빌려 쓰는 일도 흔했으며[45] 보급형 카메라보다 저렴한 일회용 카메라도 인기를 끌었다.[46] 카메라 보급률의 확연한 증가는 카메라 사용자가 이전에 비해 더욱 다채로워지는 계기였다. 또한 이 시기의 가정용 카메라는 과거 가정의 가보로 취급되던 고급 카메라와는 분명 다르다. 이른바 컬러 혁명의 바람을 타고 카메라는 가정의 필요보다는 사용자 개인의 개성을 공략하여 개발되었다.[47] 소비자의 감성이나 감각을 충족시킬 만한 "더 참신한 것, 더 새로운 것"을 강조하는 흐름은 카메라의 외관 또한 확연히 바꾸어놓았다.

사람들은 더 가벼워진 카메라를 들고 보다 개인적인 소재들에도 시선을 돌리기 시작했다. 1990년대 초반에 스냅사진이 누리던 인기는 이전에 비해 가히 폭발적이었다. 스냅사진 열풍에 대항하여 사진관이 차별화를 시도할 정도였다.[48] 구식 사진의 이미지를 탈피하기 위해 고급스럽게 연출한 가족사진을 주력으로 삼기 시작한 것이다([사진 7]). 일상적인 촬영에서 가정은 여전히 중요한 소재였으나 그 비중은 현저히 낮아진 것으로 보인다. 카메라가 드물던

[사진 7] 사진관에서 찍는 대형 가족사진을 홍보하는 기사 속 사진. 다음과 같은 글귀가 눈에 띈다. "'그림같은 가족사진' 찍기가 유행이다. 가장의 권위와 스위트홈을 그리워하는 '신(新)가족주의'의 발로일까."

《동아일보》, 1993, 「「화목한 분위기」 그림같이 연출: 가족사진 찍기 번져간다」, 4월 26일.

과거와 달리 격식을 차린 가족사진은 사진관의 영역으로 옮아갔다. 사진관에서 촬영한 대형 가족사진은 마치 가보와 같이 거실에 내걸려 단란한 가정의 모습을 인증하고 전시하는 육중한 상징이 되었다.

사진관이 가정의 영역으로 회귀하는 반면 일상의 스냅사진은 보다 다양한 영역에 초점을 맞추게 된다. 이제 카메라는 개인의 물건으로도 변모하기 시작한다. 카메라를 소유한 개인은 직접 찍고 인화한 사진을 가지고 가족과는 구분되는 자신만의 기록을 구축하였다. 스냅사진도 가족뿐이 아닌 개인의 모습을 담는 이미지로서 존재감을 드러냈다. 1990년대에 이르면 앨범에 출생부터 성장까지의 과정이 기록된 세대가 출현한다. 이보다 앞서 1970년대 이후에 태어난 세대, 즉 1990년대 무렵 20대에 접어든 사회 초년생이나 청소년들 역시 자기만의 앨범을 채워갈 수 있었다. 사진관에서 찍은 돌 사진이나 가족사진, 또는 단체 사진 속의 한 사람으로만 유년기의 모습을 남기지 않는다는 점에서 이들은 사진 문화를 일상에서 경험한 첫 세대이다. 1990년대의 청소년들은 필름 카메라와 비디오카메라를, 그리고 1990년대 중반 이후부터는 디지털카메라를 다루면서 이전 세대에 비해 영상과 사진에 보다 친숙해질 수 있었다. 이들은 익명의 타인들이 모인 온라인 공간에서 디지털 사진을 공유하는 주체가 되기도 했다. 1990년대 후반에 개인용 컴퓨터와 인터넷이 점차 보편화하면서 사진은 개인의 성장·생활·교류에서 빠질 수 없는 기술로 대중화한 셈이다.

⌞◻⌟

카메라 대중화 흐름의 이면에는 과거에서부터 이어진 여성-피사체의 계보가 존재한다. 이른바 '멀티미디어 시대'의

도래를 알리며 카메라는 보급형 기기로, CCTV로, 그리고 몰래카메라로 도시 곳곳에 확산되었다. 갈수록 넓게 깔리는 경박단소輕薄短小한 렌즈들 속에서 여성-피사체를 향한 시선은 더 집요해져갔다.

기술 발전에 대한 장밋빛 전망과는 달리 카메라와 사진은 결코 누구에게나 평등한 기술로 주어지지 않았다. 카메라는 어떤 이들에게는 시야를 넓히는 즐거움을 주었지만, 다른 한편으로는 차별과 억압을 현실화하는 도구로 작동하였다. 카메라 대중화 시대가 현실화할수록 여성은 사진이라는 매체가 재현하는 여성상을 내면화하여 스스로를 아름답게 보여주도록 요구받았다. '여성의 미'를 전형적으로 생산하는 사진의 범람 속에서 여성들은 촬영자가 되기도 이전에 피사체로 위치 지어졌다. 가정용 카메라가 등장한 이후에도 여성의 촬영은 '주부 촬영자'와 같은 성별화된 정체성을 통해 좁게 규정되었다. 가정용 카메라 담론이 만들어낸 평면적인 여성상들, 즉 가정의 보조 촬영자인 주부와 '아름다운 피사체'라는 정체성 사이에서 자신의 모습을 촬영하고자 하는 여성들의 욕망이 자리 잡을 곳은 없었다. 여성 대중, 특히 젊은 여성들이 본격적으로 자기 카메라를 갖고 자기를 촬영하는 일에 열중하게 된 것은 1980년대 후반의 '카메라 대중화 시대' 이후 이십 년이 지난 다음, 사진이 도입된 이후로

친다면 한 세기나 넘어서였다.

그럼에도 1990년대를 지나면서 젊은 여성들은 비로소 촬영자로 포착된다. 상당히 다채로운 방식의 촬영을 즐길 수 있었던 남성 촬영자들에 비해 여성 촬영자들의 활동은 1980년대까지도 주로 가정적인 차원에서 조명되었다. 그러나 '나'의 모습을 사진에 담는 젊은 여성들의 존재가 두드러지면서 기존에 형성된 '여성적 촬영'의 전형은 마침내 흐트러진다. 그때까지 언론은 '주부 촬영자'라는 전형 아래 현실에서 다양한 방식으로 존재했을 '여성적 촬영'의 일부만을 좁게 다뤘으나, 1990년대를 거치며 폭발적으로 증가한 젊은 여성들의 '독특한' 촬영에도 주목할 수밖에 없게 되었다.

이 시기에 한국사회에서 디지털과 멀티미디어는 중요한 키워드로 등장한다. 1997년 김대중 대통령 당선자가 내세운 공약 중에는 국토개발 활성화나 균형발전과 같은 대형 모토 외에도 과학기술 및 정보통신 분야에 대한 강조가 두드러졌다.[49] 그런데 이른바 "통신혁명"은 이보다도 빠르게 다가와 있었다. 멀리 떨어진 사람과 채팅을 주고받을 수 있는 PC통신 서비스가 1986년 8월에,[50] "지구촌 구석구석을 손금 보듯" 할 수 있는 인터넷 서비스도 1994년 6월 국내에서 개시되었기 때문이다.[51] 점차 넓어지는 통신망을 거쳐 사람들은 문자에서 사진에 이르기까지 다양한 정보를 공유하기 시작했다.

　멀티미디어 시대의 도래를 알리는 물건[52] 중에서도
카메라는 단연 주목받는다. 디지털카메라가 아날로그
카메라에 익숙해진 사람들의 고정관념을 뒤바꿔놓을 기술로
화려하게 등장한 것이다.[53] "신개념의 카메라"라는 말이
무색하지 않게 디지털카메라 사용자들은 현상소에 방문하지
않고도 사진을 바로 확인하고 컴퓨터로 자유롭게 편집하는가
하면, 개인용 컴퓨터와 전화선을 통해 외부에 전송할 수
있었다. 물론 당시만 해도 제품 가격이 비쌌던 데다 프린터
등 부수적인 기기도 함께 갖춰야 했던 탓에, 1990년대에
디지털카메라가 기존의 필름 카메라를 완전히 대체했다고
보기는 어렵다.[54] 그럼에도 컴퓨터로 바로 내보내 편집할
수 있는 이미지를 생산해낸다는 점은 디지털카메라가 지닌
뛰어난 매력이었다. 필름이 필요 없다거나 "현상·인화비도
들지 않는다"는 디지털카메라의 홍보 문구는 필름 카메라에
이미 익숙해진 사람들을 강하게 유혹했다.[55] 디지털카메라를
다루는 생소한 작업들은 디지털 시대의 주민들이
익혀야 하는 새로운 지식이 되었다. 디지털카메라가 붐을
이루면서 사진관과 현상소는 이미 사양길에 접어드는 듯이
묘사되었다.[56]

　사람들은 디지털카메라를 통해 사진을 얻고 손수

보정하기 시작했다. 이는 현상소에 들러 필름을 맡기고 사진을 찾는 오래된 관습을 차츰 대체해갔다. 디지털 기술은 사진을 촬영하고 공유하는 경로, 이미 찍은 사진을 보관하고 열람하는 방식을 바꾸어놓음으로써 촬영자들로 하여금 새로운 신체적 감각을 익히게 했다. 디지털 갤러리에서는 아날로그 앨범을 한 장씩 넘기는 대신 손가락으로 마우스 휠을 빠르게 내려 사진을 볼 수 있었다. 간편한 스크롤로 더 많은 사진을 훑어볼 수 있는 갤러리를 통해 이용자는 무수히 많은 이미지들 중 마음에 드는 몇 장만을 쉽게 골라낼 수 있게 되었다.

카메라와 일상적인 관계를 맺고 성장한 세대에게 사진은 삶과 밀착된 것이나 다름없었다. 이들의 생애와 기억은 손에 잡히지 않는 형태로, 정확히는 디지털 이미지로 쌓이기 시작했다. 컴퓨터 화면을 통해 사진을 열람하고 편집도 수월하게 할 수 있는 디지털 앨범이 삶을 기록하는 직접적인 데이터로 남게 되었다. 결혼식과 신혼여행 장면을 디지털카메라로 찍어 디지털 앨범으로 만들고 CD롬에 저장하는 신세대 부부들,[57] 연인과의 사진에 유럽의 풍경을 배경으로 합성하여 가상의 여행 사진을 만드는 이들이 생겨났다.[58] 그런가 하면 디지털 영상장비를 이용해 "아이들의 탄생에서 성장과정, 그리고 죽음에 이를 때까지" 일생을 CD에 담아 "개인 뮤직비디오"를 만들어주는 서비스가 등장하기도 했다.[59] 사랑하는 가족이나 스스로의 모습을 디지털 사진으로 남기려는 욕구는 점차 두드러졌다. 중요한 기억은 디지털 이미지를 통해 빛바래지 않는 형태로 축적되어 언제고 꺼내볼 수 있었다.

이 시기에는 흥미롭게도 디지털 앨범을 꾸미는 남성들의 모습이 주목받는다. 이를테면 신혼의 추억을 CD롬에 담아 디지털 신혼일기를 준비하는 "광고제작 대행사 프로듀서"인 한 남성,[60] 여자친구와의 여행사진을 만드는 20대의 남자 대학원생이 그렇다.[61] 기존의 아날로그식 앨범, 특히 가족 앨범을 정리하는 이가 대개 여성 주부나 가정의 어린이로 지목된 과거와는 대조적이다.[62] 1980년대 후반까지의 신문기사들은 장서에 비견될 만한 수십 권의 앨범을 정리하는 작업을 '꼼꼼한 주부의 소일거리'로 묘사했다.[63] 이때는 교육적인 목적에서 앨범 정리를 어린 자녀에게 맡기도록 권장하는 기사도 눈에 띈다.[64] 1990년대에 들면 자녀의 성장을 담은 앨범을 정성 들여 정리하는 아버지의 모습도 이따금씩 포착되지만, 어디까지나 집안일과 육아에 동참하는 '가정적인 신세대 아버지'의 면모가 부각되는 정도였다.[65] 이처럼 아날로그 앨범 정리는 세심함이 요구되는 촬영의 마무리 작업으로 주로 여성에게 적합한 일로 여겨졌다.

　반면 1990년대 중후반에는 디지털카메라로 아내와 자녀 또는 여자친구를 찍고 디지털 앨범을 만드는 남성들의 존재감이 두드러진다. 여기에서 앨범을 만드는 이는 '세심하고 꼼꼼한' 여성이나 어린이가 아니라 컴퓨터나 스캐너 등 당시의 최신 기술을 자유자재로 다루면서 앨범을 만드는 남성들이다.[66] 디지털 앨범 정리는 과거와 같이 인화한 사진을 적절히 배치하여 수록하는 잡무라기보다는, 디지털카메라 그리고 개인용 컴퓨터와 스캐너 등의 기기를 함께 다루는 복잡한 '기술'이 되면서 남성에게 친숙한 작업으로 묘사된다.[67] 동시에 "가족 모두가 쉽게 쓸 수 있을 정도로 쉽고 재미있"는 편집 소프트웨어를 홍보하는 기사에서 이용자는 다시 주부의 모습으로 나타난다.[68] 이처럼 디지털 이미지를 다루는 신세대 중에서도 남성은 낯선 디지털 기술을 설명하는 주도적인 숙련자로, 여성은 더 쉽고 보편화된 기술을 다루는 초보자로 그려지는 경향이 강하다.

　한편 디지털카메라로 찍은 사진을 편집하고 앨범으로 정리하려면 개인용 컴퓨터를 필수로 갖춰야 했다.[69] 디지털카메라는 그 사용법으로 인해 PC, 그리고 인터넷과 불가피하게 연계할 수밖에 없는 기기였다.[70] 마침 "디지털카메라만의 독특한 성능을 꿰고" 자신이 촬영한 사진을 다른 사용자들에게 보여주려는 이들을 대거 끌어들이는 인터넷 동호회도 여럿 만들어지고 있었다.[71] 촬영한 사진을 인화하여 지인에게 나눠주는 것은 필름 카메라를 쓸 때도 흔한 일이었지만, 익명의 존재들과 소통할 수 있는 온라인 공간에 사진을 업로드하는 것은 새롭게 자리 잡은 관습이었다. 디지털카메라 사용자들은 직접 촬영한 사진을 공유하며 본격적으로 인터넷에 집결하기 시작한다. 그중에서도 1999년에 만들어진 '김유식의 디지털카메라 인사이드(이후 디시인사이드)'는 가장 크고 오래가는 결집을 이뤘다. 디시인사이드는 원래 초보 사용자들을 염두에 둔 디지털카메라 정보공유 사이트로 출발했으나[72] 오래지 않아 일상 풍경이나 동식물, 음식, 촬영자의 애인, "와이프, 누드 등 네티즌들이 찍은 온갖 사진들"이 게시판에 올라오는 인터넷 커뮤니티로 성장한다.[73] 2000년대를 지나며 디지털카메라를 항상 휴대하고 일상의 사진을 찍어 웹상에 올리는 이들, 일명 '디카족'의 존재 또한 디시인사이드를 거점 삼아 두드러진다.[74]

인터넷 공간이 일상에 뿌리내릴수록 디지털 이미지는 더욱 활발히 생산되었다. 온라인 사이트 유저들에 의해 거듭 퍼날라지는 방식으로 이동성까지 얻었다. 특히 디시인사이드 유저들이 다양한 종류의 여성 포르노그래피를 폭발적으로 만들고 소비했다는 점은 중요하다. 여성의 누드 사진은 상당히 흔한 게시 소재였으며, 여성의 얼굴 사진을 다른 여성의 누드 사진과 합성하여 유포하는 경우도 일찍부터 있었다.[75] 2000년대부터 지금에 이르기까지 디지털 포르노그래피의 생산자와 소비자는 디시인사이드에서 효과적인 제동 없이 자유롭게 활동해왔다.[76] 해당 사이트에서 익명의 남성들이 여성혐오가 일상화된 문화를 공유하는 현상[77]은 여성 포르노그래피라는 특정한 종류의 디지털 이미지와 강하게 엮여 있는 것이다.[78]

이런 상황은 오프라인 현실에서도 마찬가지였다. PC통신 시절부터 해외 포르노물과 성인용 CD는 이미 범람하고 있었다.[79] 인터넷 커뮤니티가 널리 자리 잡기 이전에도 불법촬영물은 상당한 규모로 확산되었지만 이를 실질적으로 제한하는 차단 프로그램이나 법률적 규제는 미비했기 때문이다.[80] 여기에는 1990년대 후반부터 감시용 소형 카메라가 도시 곳곳에 광범위하게 자리 잡은 배경이 있다. 일반 가정과 회사, 주차장 등의 장소에 방범용으로 달리기 시작한 이른바 '몰래카메라'도 그중 하나이다.[81] 중요한 점은, 이런 소형 카메라들이 단순히 방범용으로만 쓰이지 않았다는 사실이다. 카메라의 확산은 오히려 범죄를 돕기도 했다. 소형 카메라는 불법촬영용으로도 성행하여 각종 공공장소와 여자대학교의 화장실에까지 설치되기 시작한다.

본격적으로 인터넷 연결망이 보편화되기 전부터 누구나 쉽게 만들 수 있는 일명 '음란물'은 특별한 기술 없이도 쉽게 촬영·복제·공유가 가능한 일상적인 영상물로 유통되고 있었던 것이다.[82]

디지털 사진의 시대와 '○○녀'의 등장

젊은 여성 촬영자의 출현을 보려면 1990년대로 다시 돌아가야 한다. 카메라 보급률이 빠르게 높아지면서 '주부 촬영자'라는 전형은 차츰 깨졌다. 대신 오로지 재미를 위해 사진을 찍는 10·20대 '신세대' 여성들이 주목받기 시작했다. 이들 젊은 여성의 촬영은 1990년대의 문화적 풍경을 담고 있다. 이를테면 청바지에 셔츠를 입고 "서양 사람처럼 잠바나 스웨터를 목이나 허리에 감싼" 세련된 차림의 '여대생' 배낭족들은 "알프스의 풍경을 카메라에 담느라 정신이 없"다.[83] 2000년대 이후 등장할 셀카족의 규모에 비하면 이들은 다분히 산발적이며, 별나지만 새로운 촬영 문화에 생동감을 불어넣는 감초 같은 존재로 비춰진다.

드물지만 필름 카메라를 통해 자신의 모습을 찍는 경우도 있다. 당시 광고모델을 꿈꾸던 여자 고등학생들은 모아둔 돈을 투자해서 유명 미용실에서 하루 메이크업을 받고 사진반 친구에게 사정하여 "제법 그럴듯한 브로마이드 사진"을 제작하곤 했다. 이렇게 찍은 프로필 사진은 연예 기획사에 보낸다.[84] 기사는 10대 청소년이 대중문화의 주 소비층으로 변모하는 상황에서 이 같은 '연예인 신드롬'이 발생하고 있다고 지적한다. '청소년의 90퍼센트 이상이 인기 연예인의 사진을 휴대하고 있다'는 것이다. 실제로 화보에서처럼 얼굴과 몸을 광고하듯 '예쁘게' 보여주는 촬영 방식은 청소년들에게 꽤 익숙해져 있었다. 학생들은 이를 터득하여 서로의 포즈를 교정해주며 그럴듯한 사진을 찍곤 했다. 데뷔를 꿈꾸며 직접 브로마이드를 만드는 것은 일상적인 촬영과는 분명 거리가 있지만, 화보와 같은 상업적인 사진의 재현 방식이 일반인의 자기재현에도 침투한 흐름을 보여준다.

　1990년대 후반에 이르자 자신의 모습을 영상이나 사진으로 찍어 인터넷 공간에 내보내는 '신세대'가 점차 많아졌다. 이른바 '웹캠'을 이용한 인터넷 사이트들이 자기재현의 공간으로 인기를 끌던 참이었다.[85] 여기에 카메라가 달린 핸드폰, 일명 '폰카'가 크게 대중화하면서 직접 촬영한 자신의 사진(셀카)이 부상하기 시작한다. 2000년대로 접어들며 사람들은 카메라가 달린 휴대전화를 늘 가지고 다니면서 사진을 찍고 전자메일이나 메시지를

통해 외부에 공유했다.[86] 젊은 여성들이 일명 '셀카족'의
주축이 되어 존재감을 드러낸 것도 이때부터이다. 돌이켜보면
1990년대의 별난 촬영자 여성들은 셀카족과 같은 주목을
받지 못했다. 일찍이 자기촬영을 즐긴 여성들은 '카메라
대중화 시대'를 보여주는 이질적인 존재로 비추어졌다. 반면
2000년대 이후에야 두드러진 셀카족 여성들은 마찬가지로
유별나기는 하나, 어쨌든 분명한 대중의 일원으로 묘사된다.
'셀카족'이라는 이름은 자기재현에 탐닉하는 여성들의
이미지를 더욱 부각시키는 한편 이제껏 산발적인 개인으로
비춰졌던 촬영자 여성들을 집단으로 가시화하는 효과도
있었다.

　셀카는 2000년대 전반에 걸쳐 큰 인기를 끈 싸이월드의
등장에 힘입어 확산된다. 셀카족은 하나같이 싸이월드로
모였다. 유저들은 미니홈피를 자기만의 셀카로 채워갔으며[87]
다른 이의 홈피에 가서 답글을 달았다. 자신의 얼굴이 전면에
드러나도록 렌즈를 조정하고 자연스럽게 미소 지은 채 사진을
찍는 것은 싸이월드에서는 전혀 특이한 행위가 아니었다.
"평면 얼굴에는 입체감"을 살리고 "생동감 넘치는 표정"에
"가우시안 블러로 전체적인 뽀샤시 효과를 주는" 식이었다.[88]
특별히 예쁘거나 멋진 사진으로 미니홈피를 꾸며 인기를
얻은 이들은 '얼짱 신드롬'[89]의 주인공으로 대중의 사랑을

받았으며 때로 연예인으로 데뷔까지 할 정도였다.[90] 이때 젊은 여성은 싸이월드에서 나타나는 셀카 문화와 얼짱 신드롬의 중심으로 부상하는데, 특히 10대와 20대 여성들이 '싸이월드 셀카 문화'의 주 이용자로 단연 주목받는다.[91] 싸이월드를 주된 거점 삼아 이들은 '얼짱 각도'로 찍은 무수한 셀카를 통해 스스로를 재현하기 시작한다. 셀카는 한때 '연예인 신드롬'을 보여주는 병리적인 현상으로 지목되었지만, 점차 자유롭게 자신의 개성을 표현하고 타인의 호응을 얻는 창구로 자리 잡는다.

싸이월드는 디지털 이미지로 꾸미는 개인적인 공간이자 타인과 관계 맺는 소통의 장이었다. 특히 싸이월드식 소통에서 자신의 모습을 담은 영상이나 사진은 중요한 열쇠였다.[92] 사람들은 지인이나 익명의 시선을 염두에 두고 자신의 사진을 업로드하기 시작했다. 타인에게 '나'의 모습이 어떻게 비춰지는지 가늠하고, 보기 좋게 보정한 셀카를 외부인에게 공유하는 행위도 흔해졌다. 마침 필름 카메라와 달리 디카나 폰카로는 촬영한 사진을 바로 확인하고 원하는 대로 보정할 수도 있었다. 싸이월드와 폰카의 결합은 사람들로 하여금 자신의 모습을 더욱 만족스럽게 촬영하고 공유할 수 있게 해주었다.[93]

같은 시기 젊은 여성들은 '○○녀'의 이름을 달고 남초

커뮤니티에서 소비되는 여성 이미지들의 흐름을 동시에
경험한다. 그 이면에는 훨씬 오랜 시간 동안 형성되어온
여성-피사체의 역사가 있다. 여성-피사체는 카메라의 시선을
통해 아름답게 자신을 보여줄 압박을 받는 동시에 갈수록
팽창하는 디지털 성범죄의 위협에 직면했다. 이는 오래전,
사진 매체가 보급되면서 여성을 노린 불법촬영(일명 '에로
사진')이 횡행했던 20세기 초의 상황에 낯설지 않게 겹쳐진다.
2000년대의 여성-피사체는 온라인 공간에서 디지털 이미지의
형태로 재현된다는 점이 다를 뿐이다. 여성 사진을 둘러싸고
이중적으로 전개된 디지털 이미지의 붐을 체득하면서 한국
여성은 사진의 이중성, 즉 자기재현의 창구이자 위험이
잠재한 도구인 사진과 관계 맺어왔다. 디지털 이미지를 통한
여성의 자기재현이 비단 개인적이며 자유로운 행위에만 그칠
수 없는 것은 바로 이 때문이다.

한국사이버성폭력대응센터가 펴낸 『2020 한국
사이버성폭력을 진단한다』에 따르면, 디지털 성폭력의
규모와 깊이는 그것을 규제하는 법보다 빠르게 성장해왔다.[94]
이러한 현실은 디지털 성범죄가 몇 차례의 법적 보완으로
가라앉을 수 없음을 보여준다. 『시각의 폭력』에서 유서연이
지적하듯, 겉으로 드러난 디지털 성범죄의 기저에는 오랫동안
지속되어온 "'본다는 것'의 폭력성"이 자리 잡고 있기

때문이다. 그것은 "여성의 시각적 대상화와 시각중심주의의
광기"로서, 이는 "지워도 지워도 끝없이 나타나는 여성에 대한
폭력적 이미지들의 범람과, 그 뒤에서 하나도 놓치지 않고
끝없이 보고 끝없이 소비하겠다는 수천, 수만, 수억 개의 광기
어린 눈들"로 표출되며 재생산된다.[95]

여성의 몸을 향한 폭력적인 시선은 디지털 시대에 기술을
타고 전례 없이 팽창한다. 젊은 여성들은 폰카 놀이를 즐기는
동시에 온라인 커뮤니티에 올라오는 성적으로 대상화된 여성
이미지에 둘러싸여 있다. 따라서 여성 촬영자는 자신의 일상
사진이 누군가의 눈요깃거리가 될 수 있음을 경험적으로
체득한 피사체이기도 하다. 촬영자이자 피사체로서 젊은
여자들은 일상 사진에 내재한 위험의 가능성을 끊임없이
상기한다. 일상 사진으로 개성을 표현하는 자유는 반쪽짜리일
수밖에 없다. 여성들은 예기치 못한 상황에 자신을 겨눌
카메라 렌즈를 민감하게 의식하면서 자신의 모습이 담긴
사진이 익명의 타인에 의해 '유통'될 수 있음을 직감한다.

2000년대를 거치며 일반인 여성의 사진은 디시인사이드를
비롯한 인터넷 커뮤니티를 통해 대량으로 올라오고 공유된다.
자신이 직접 찍은, 또는 남이 촬영한 여성들의 사진은 빠르게
이 커뮤니티에서 저 커뮤니티로 옮겨져 'OO녀'라는 이름을
달고 품평을 당하곤 했다.[96] 젊은 여성들의 미니홈피에

올라온 일상 사진들을 옮겨 커뮤니티 내 인지도를 높이려는 남성들이 빠르게 생겨날 정도였다.[97] 자신의 성관계 장면이 동의 없이 담긴 영상물, 이른바 '몰카'를 인터넷에서 발견한 여성의 피해 사례도 적지 않았다.[98] 이처럼 인터넷 커뮤니티에 올라온 영상물은 빠르게 외부로 복제되어나가는 데 비해 성착취물을 규제하는 대책이나 방안은 미비했으므로 여성들은 위험에 개인적으로 대처할 수밖에 없었다.

이런 상황을 감안하면 1990년대를 거쳐 여성들에게 카메라가 이중적인 의미를 띠고 일상화된 것은 자연스럽다. 1990년대의 '개성시대'를 향유하며 젊은 여성들은 카메라가 지닌 '자유'와 '위험'의 가능성을 동시에 접한다. 이는 이후 카메라를 여성들이 일상적으로 다루는 태도와 감각에 큰 영향을 끼친다. 거리나 건물 내에 설치되어 있는 감시용 카메라와 사람들이 들고 다니는 디지털카메라는 각자 다른 방식으로 사용되지만, 여성들은 상이한 종류의 렌즈들을 일상에서 함께 경험하면서 복합적인 감각을 터득해냈다. 미처 깨닫지 못한 새 자신의 신체가 촬영될 가능성을 감지하게 된 것이다. 2010년 이후에는 스마트폰이 대중화되면서 카메라를 더 소형화된 형태로, 그리고 보다 오랜 시간 동안 휴대하게 되었으므로 감시카메라와 감시용이 아닌 카메라를 가르는 구분은 더 모호해진다.

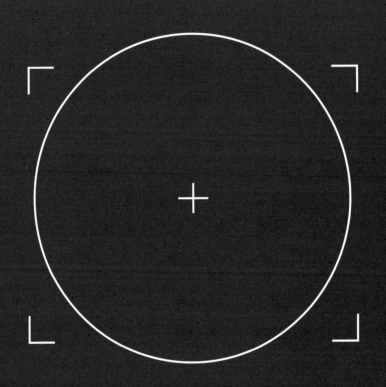

3장

예쁘게, 그러면서도
자연스럽게 '나'를 찍기

내 카메라를 소유하다

내가 만난 여성들의 연령대는 20대 중반에서 30대 초반에
걸쳐 있다. 1980년대 말에서 1990년대에 태어난 이들은
스마트폰으로 아주 자연스럽게 스스로를 촬영한다. 물론
스마트폰 카메라가 이들이 접한 첫 카메라는 아니다. 좀
더 정확히 말하면, 스마트폰 카메라는 그 시기에 태어난
여성들이 접해온 몇 종류의 카메라 가운데 가장 최신의
카메라에 해당한다. 아주 어렸을 때부터 필름 카메라로,
디지털카메라로 독사진을 찍어주는 어른들이 주변에
있었으므로 사실 카메라와 이들의 만남은 상당히 일찍부터
이뤄진 셈이다.

스마트폰 카메라는 과거의 카메라들과 달리 촬영자 여성들 스스로가 '소유'한 카메라라는 점에서 특별하다. 내가 만난 여성들에게는 스마트폰 카메라, 또는 그보다 앞선 카메라폰(카메라 기능을 갖춘 피처폰)이 최초의 '내 카메라'였다. 반면 디지털카메라는 꽤 인기를 끌었지만 여전히 많은 경우 '내 카메라'가 아닌 '가족의 카메라'였고, 촬영자 여성 대부분은 1990년대는 물론이고 2000년대에도 디카를 개인적으로 쓰지 못했다.

김혜연 역시 마찬가지였다. 그는 경상도에서 나고 자란 20대 중반의 여성으로 대학에서 예술을 전공한 뒤 서울의 한 인지도 있는 극단에 들어가 몇 년째 활동하고 있다. 집에서 떨어져 살지만 가족과는 사이가 좋은 편이다. 전문직에 종사하는 아버지와 주부인 어머니, 형제들과 연락도 자주 한다. 김혜연은 십여 년 전 집에 있었던 디카를 '가족의 물건'으로 기억한다. 더 예전에 있었던 필름 카메라처럼 디카 역시 가족사진을 찍는 용도였기 때문이다. 디카는 식구들과 나들이나 여행을 가서 즐거운 한때를 남기는 도구로 "용도가 딱 정해져 있었"다. 김혜연의 회상에서 가정용 카메라는 '단란한 가족의 여가'와 뗄 수 없는, 개인적인 물건과는 성격이나 용도가 상이한 존재로 나타난다.

촬영자 여성들은 디카보다 핸드폰을 통해 자기사진을

찍기 시작했다. 사실 디카는 자기사진을 시시때때로 촬영하기에 적당치 않다. 별도의 셀카 기능이 없어 초점을 잡을 때 화면을 바로 확인하기 어렵고, 기기 자체의 무게도 한 손으로 들기에는 상대적으로 부담이 있기 때문이다. 간혹 자기만의 디카를 갖고 있던 촬영자 여성들도 무거운 데다 셀카 기능이 없는 디카로 자기촬영을 즐기기는 어려웠다고 회상한다. 그러나 카메라폰은 다르다. 2000년대 후반에 출시된 각종 카메라폰은 여성들 사이에서 선풍적인 인기를 끌었다. 20대 후반의 이현지는 그때 한창 인기 있었던 카메라폰의 이름도 기억한다.

이현지 '롤리팝'부터 셀카 많이 찍었어요. 롤리팝이 셀카 잘 나오기로 유명한 휴대폰이었잖아요.

나 디카는요?

이현지 있긴 했는데. 그때는 셀카 모드가 안 되니까 잘 안 썼던 거 같아요. 그래서 롤리팝 휴대폰 갖고 있던 친구가 진짜 인기가 많았어요. 걔하고 맨날 셀카를 찍고 나서 걔가 싸이월드에 올려주면은, 이거를 '퍼가요' 해야 하거든. 그래서 롤리팝 갖고 있던 친구가 "야, 이제 내 폰으로 그만 찍어." 이러고. 왜냐면 자꾸 찍으면 걔는 집에 가서 그걸 컴퓨터에 연결해서 그다음에 싸이월드에 올려야 되는 거야. 그러면 우리가 '퍼가요', '우왕 예쁘게 나왔다' 하면서 다 퍼가고. "수연이랑 오늘 학교에서 찍은 거" 하고 미니홈피에 올려야 되기 때문에. 근데 그때 진짜 제 기억에, 제 폰으로 찍으면 예쁘게 안 나오는데 그 친구 롤리팝. 롤리팝이 셀카 잘 나오는 폰으로 유명했어요.

나 　디카는 식구들 거였어요, 아니면 현지 씨 거였어요?

이현지 　디카는 제 거였는데, 여유가 있진 않아서 누가 쓰던 거 받았어요. 그때 한창 디카 많이 살 때. 근데 저는 디카 그렇게까지 많이 안 썼어요. 심지어 스마트폰 나오고 나서, 롤리팝 셀카 재질이 너무 그리운 거야. 그래서 스무 살, 스물한 살 땐가 중고로 롤리팝을 샀어요. 카메라용으로. 그걸로 옛날에 셀카 찍으면 예쁘게 나왔던 게 그리워서. 근데 지금은 워낙 카메라들이 좋고 필터도 나와 있고. 예전엔 필터가 없었잖아요. 근데 롤리팝 카메라가 약간 '필터 끼' 있는 것처럼 나왔어요. 뽀얗게.

2000년대 후반에 출시된 카메라폰 '롤리팝'은 "셀카 잘 나오기로 유명"한 휴대폰으로 통했다. 이현지는 친구의

롤리팝을 빌려 함께 사진을 찍고 싸이월드 미니홈피에
올리곤 했다. 디카가 있기는 했지만 롤리팝만큼 사진이
뽀얗고 예쁘게 나오지 않았다. 반면 폰카는 보조 카메라로
자신의 얼굴을 바로 확인할 수 있고 기초적인 사진 보정
기능까지 갖추고 있어 만족스러웠다. 이현지는 "롤리팝 셀카
재질이 너무 그리"워서 졸업 후에 중고 제품을 구입하기까지
했다.

촬영자 여성들은 카메라폰을 구입하거나 친구의
카메라폰을 빌려 쓰면서 자기사진을 본격적으로 찍기
시작했다. 김혜연이나 이현지는 개인 카메라를 갖게
되면서 일상적 촬영을 즐기게 되었다고 기억한다. 촬영이
일종의 놀이나 습관으로 자리 잡은 데에는 이처럼 '내
카메라'의 소유가 중요한 기점으로 작용했다. 이때 촬영자
여성들의 손에 들어온 개인 카메라가 촬영 기능이 있는
통신기기였다는 사실은 주목할 만하다. 카메라가 장착된
휴대폰, 이보다 나중에는 카메라와 애플리케이션이 설치된
스마트폰이 이들에게 최초의 '내 카메라'가 되어주었다.
2000년대 후반부터 2010년대 초반에 한국에서 고등학교를
졸업한 촬영자 여성들의 생애는 사진 및 카메라를 둘러싼
기술적·문화적 변화와 경험적으로 맞물린다. 김혜연은 당시
한창 유행하던 카메라폰으로 본인의 모습을 찍기 시작한

때를 이렇게 회상한다.

> 중학교 1학년 땐가, 2학년 때 롤리팝이라고 한참 유행하는
> 휴대폰이 나왔어요. 그게 셀카가 진짜 잘 나오거든요. 휴대폰
> 중에서 롤리팝이 최고로 잘 나왔어요. 근데 처음에는 셀카를
> 찍을 줄 모르잖아요. 당시에는 지금만큼 찍지 않았고 [셀카를
> 찍으면] 친구들 사이에서 공주병이라고 놀림받던 시절이어서,
> 혼자 몰래 조용히 뒤에서 이렇게[수줍게 눈치 보며 셀카 찍는
> 시늉]. 엄마들이 찍는 것처럼[웃음] 찍었던 기억이 나요. 그게
> 처음으로 찍었던 기억이죠.

촬영자 여성들은 카메라폰을 쓰게 되면서 친구들과 여럿이
찍은 사진들 중에서도 '내 사진'을 골라 챙기는가 하면 "혼자
몰래 조용히" 스스로의 모습을 촬영하곤 했다. 이처럼 여러
얼굴이 함께 등장하는 사진 가운데 내 사진을 선별하고,
쑥스러워하면서도 이전보다 훨씬 공들여 '나'의 모습을
찍기 시작했다는 점은 기존의 독사진으로 설명하기 어려운
새로운 형태의 개인적 사진이 등장했다는 사실을 보여준다.
친구들과 같이 찍은 사진은 독사진이 아니더라도 '내 사진'이
될 수 있다. 그런가 하면 설령 본인 혼자만의 모습을 담은
사진이더라도 직접 선별하기 전에는 '내 사진'이 될 수 없다.

카메라폰부터 스마트폰으로 이어지는 '내 카메라'에 대한 회상에서 '나'라는 주체가 두드러진다는 점은 중요하다.

왜 굳이 '나'를 찍고 싶어 할까? 처음에 나는 촬영자 여성들이 자기사진을 통해 본인을 원하는 모습으로 꾸미고 보여주려 한다고 생각했다. 그러나 만남을 거듭할수록 촬영자 여성들에게는 무언가를 위해 자기사진을 찍는다는 목적의식이 예상보다 강하지 않음을 알 수 있었다. 나는 자기사진을 촬영함으로써 어떤 이미지로 본인을 보여주고 싶은지 여러 번 질문했지만 그때마다 별다른 답을 얻지 못했다. 게다가 나는 여러 사람의 자기사진을 보아도 촬영이나 보정 방식에서 별다른 차이점을 발견하지 못했다. 자기사진은 찍히는 사람을 더 '예쁘게' 보여주되 동시에 아주 평범한 모습으로 바꾸어놓는 듯했다. 아무리 기기와 애플리케이션이 엇비슷하다고는 하지만, 단지 '예쁘게 보이고 싶다'는 이유만으로 본인을 촬영한다면 자기사진이 공유하는 평범함은 어디서 오는 것일까?

이런 생각은 김혜연을 만나 이야기를 나누면서 바뀌었다. 김혜연은 어떤 느낌으로 사진을 찍고 싶은지를 묻는 나의 질문에 다음과 같이 답했다. 어떤 느낌으로 찍고 싶다기보다는 촬영의 순간과 배경을 자연스럽게 남기고 싶다는 것이다. '나'를 촬영함으로써 특별한 모습을 보여주고 싶은 것보다도 '나'를 찍는 행위 자체가 중요하다는 이야기였다. 즉 김혜연에게 사진은 이 순간만 남길 수 있는 기록이다. 지금 이 순간은 두 번 다시 돌아오지 않으며 지금의 나 역시 그렇다. 스물네 살의 나와 스물다섯 살의 나는 서로 다르고 그 이후의 나도 마찬가지다. 김혜연에게 '내 사진'은 지금 이 순간에만 존재하는 '나'를 시시때때로 촬영해 남기고 싶다는 욕망의 결과물이다. 자기사진을 촬영함으로써 '나'는 특별한 존재로 남는다. 그러나 이러한 특별함은 '나'의 모습을 남보다도 예쁘고 독특한 모습으로 보여주는 경쟁적인 방식으로만 달성되지 않는다. 그보다는 지속적인 촬영을 통해 갤러리로 구축된 '나'만의 데이터를 갖고 있다는 데서, 특히 계속해서 바뀌는 주변의 시공간을 오로지 '나'의 배경으로 배치하는 일관성에서 비롯된다.

이 개인적인 사진들은 가족 공용의 카메라로 촬영된 사진들과는 다르다. 여성들은 이전에도 가족의 카메라를 통해서 일상적이거나 개인적인 사진의 주인공이 될 수는 있었다. 김혜연이나 이현지와 비슷한 연령대에 속하는 여성들의 성장 과정이 사진 앨범으로 남겨진 경우는 매우 흔하다. 그러나 이들이 처음 갖게 된 자기만의 카메라, 그것도 스스로를 찍기에 최적화된 기능의 카메라를 이용해 촬영한 사진은 이전의 스냅사진과 달리 개인의 존재를 더 강하게 부각시킨다. 자기사진은 타인이 단순히 '나'를 찍어준 독사진에 비해 훨씬 조작이 용이한 방식으로 찍히고 보정되며, 다시 '나'에 의해 꼼꼼히 걸러지기 때문이다. 여기에는 '개인' 또는 접두어 '독獨-' 같은 표현보다는, 촬영자가 스스로를 가리킬 수 있는 '자기'라는 표현이 더 자연스럽게 어울린다. 즉 '내 카메라'의 소유와 함께 여성들의 자기사진이 본격적으로 등장한 것이다. 촬영자 여성들은 '내 카메라'를 소유함으로써 무수히 많은 '나'의 이미지로 채워진 공간, 자기사진 갤러리를 만들기 시작했다.

자기사진을 찍는 여성들은 인화한 사진이 아닌 디지털 이미지의 이점을 마음껏 활용한다. 몇 장의 A컷 이미지를 건지기 위해 무수한 B컷을 걸러내는 방식도 필름 사진이 아닌 디지털 사진이기에 더욱 쉽게 가능하다. 무엇보다 디지털 사진은 타인과 손쉽게 공유할 수 있다. 직접 만나지 않고서도 누군가에게 전해주거나 다른 이가 올린 사진을 언제든지 옮길 수 있기 때문이다. 여성들에게 2000년대의 온라인 공간은 새로운 활동 장소, 즉 디지털 사진을 매개로 타인과 만날 수 있는 인간관계의 장으로 인식되었다. 특히 싸이월드는 2000년대 중반부터 자기사진을 찍기 시작한 촬영자 여성들의 회상에서 가장 빈번히 등장하는 소셜 네트워크 서비스이다. 학급의 몇몇 친구들이 갖고 있던 카메라폰으로 함께 사진을 찍고 싸이월드에서 공유했다는 이현지의 경험처럼, 당시 10대를 보낸 여성들은 온라인에서 사진을 매개로 타인과 관계 맺기 시작한다. 여기에는 오프라인의 관계뿐 아니라 스마트폰과 SNS의 등장 이후 온라인에서 만난 익명의 '친구'들 간의 교류도 포함된다.

2000년대 후반 등장해 전 세계적으로 대중화된 스마트폰은 기존의 카메라폰을 압도하는 일상용 카메라로 자리 잡았다. 스마트폰에 내장된 각종 애플리케이션은 개인이 사진을 촬영하고 다듬어 외부에 공유하는 과정을 훨씬 수월하게 만들어주었다. 지금도 활발히 이용되는 모바일 메신저인 카카오톡과 SNS 플랫폼인 인스타그램 서비스가 모두 2010년에 출시되면서 직접 찍은 사진을 온라인에 업로드하고 공유하는 일은 더욱 손쉬워졌다. 새롭게 등장한 이 기술들은 고등학교를 갓 졸업한 대학생이나 사회 초년생에게 특히 유용하고 흥미로운 도구였다.

촬영자 여성들 가운데는 스마트폰에 내장된 '나만의 카메라'가 생긴 경험을 대학 시절과 연관 지어 설명하는 경우가 많았다. 스마트폰과 SNS가 대중적으로 보편화된 시기와 이들이 대학에 진학하거나 재학하던 시기가 우연히도 맞아떨어졌기 때문이다. 이들에게 대학 시절은 새로운 곳에서 다양한 사람들을 만나며 '완전히 새로운 나'의 모습을 갖출 수 있었던 때이기도 하다. 집을 벗어난 곳에서 비교적 독립적인 생활을 하게 되면서 비로소 자기사진을 찍기 시작하였다는 여성들은 드물지 않았다. 이들은 고등학교 때 터치폰이나 디카로 스스로의 모습을 사진에 담기도 했지만 스무 살 이후에야 본격적으로 자기사진을 찍기 시작한다. 10대 시절부터 카메라폰으로 종종 자기사진을 찍었던 여성들은 그다음으로 장만한 스마트폰을 한층 더 능숙하게 사용하였다. 이들은 스마트폰을 산 이후로 디카나 이전 시대의 카메라폰보다도 더욱 편리하고 빈번하게 자기사진을 찍을 수 있었다. 30대 중반의 정은아 역시 스마트폰을 장만한 뒤로 자기사진을 즐겨 찍게 되었다.

> 옛날에는, 디카로 찍을 때는 사진을 찍겠다. 찍어야 한다는 의식 하에 디카를 챙겨야 됐잖아요. 근데 스마트폰을 쓰면서는 그렇지 않잖아. 언제든지, 그리고 사진을 찍겠다는 계획성 자체가 없어도 되니까 훨씬 더 편하고, 훨씬 더 쉽게 접근을 하죠, 사진에.

정은아는 예전에도 개인 디카를 갖고 있었지만 스마트폰을 쓰면서 사진에 더 쉽게 접근한다고 말한다. 무언가를 촬영하려면 의식적으로 챙겨야 하는 디카와 달리 스마트폰은 그렇지 않다. 늘 갖고 다니는 스마트폰에 카메라가 내장되어 있으므로, 스마트폰 이용자는 언제든지 촬영할 준비가 되어 있는 셈이다. 휴대성은 일찍이 카메라폰이 디카를 능가하며 자기사진용 카메라로 더 널리 쓰이도록 만든 주요한 요인이기도 하다.

게다가 스마트폰은 이전 시대의 피처폰보다 카메라 성능이 한층 우수하다. 촬영한 사진을 바로 보정할 수 있는 애플리케이션은 촬영 방식을 이전과는 판이하게 변화시켰다. 메모리카드의 용량만 확보한다면 디카 역시 필름 카메라보다 더 많은 수의 사진을 촬영할 수 있지만, 이때에도 촬영자는 사진 선별을 위해 별도의 기기들을 연속으로 사용해야 한다. 내장된 사진을 정리하고, 컴퓨터로 옮겨 보정한 다음 외부로 공유하거나 출력하는 일련의 작업이 필요하기 때문이다. 그러나 스마트폰 애플리케이션을 이용하면 이 모든 작업을 하나의 기기에서 손쉽게 진행할 수 있다. 특히 '포토원더'를 비롯해 2010년대 초반부터 나온 카메라 애플리케이션은 사용자가 원하는 분위기에 맞게 사진을 보정하는 서비스를 제공하기 시작했다.

스마트폰으로 자기사진을 예쁘게 찍고 지인들과 공유하는 새로운 흐름은 처음에는 유행으로, 시간이 지나면서는 일상의 활동으로 자리 잡았다. 스마트폰이 보급된 지 십 년이 지난 지금 자기사진 촬영은 특별하거나 어려울 것 없는 일상적인 행위이다. 정은아는 이것이 처음 유행을 타기 시작했을 시점을 즐겁게 기억하고 있다.

> [스마트폰을 쓰게 되면서] 사진 찍는 일 자체에 재미도 갖게 되고. 그리고 [부끄러운 듯 웃으면서] 앱이 개발됐잖아요! 이제 셀카에 대한 인식이 보편화되면서, 어떤 옷이든 색감이든 놀이든 음식이든 유행하면 사람들이 그래도 한두 번씩 먹어보고 경험을 해보잖아요. …… 셀카가 유행하고 앱이 유행하니까 저도 거기에 동참을 해본 거죠.

자기사진 촬영은 특히 젊은 여성들에게 인기를 끌면서 한 번쯤 동참해볼 만한 '놀이'로 다가왔다. 30대 중반의 정은아는 사진을 예쁘게 찍을 수 있는 카메라 애플리케이션이 유행을 타자 '셀카 놀이'에 재미를 붙였다. 그리고 "대학생 때 완전 초 인기"였던 싸이월드에 가입해서 그렇게 찍은 자기사진을 업로드하기 시작했다. 주로 여행을 가서 촬영한 여러 사진들로 "스토리를 만들어서 내 일기처럼" 올렸다고 한다. 싸이월드의 인기가 식은 뒤로는 또 다른 SNS 서비스인 카카오스토리를 이용했다. 정은아는 카메라 애플리케이션을 포함한 스마트폰과 셀카, 그리고 SNS의 유행을 대학생 시절의 기억을 바탕으로 한 묶음처럼 여긴다. 흥미롭게도 정은아는 자기사진 촬영을 모두가 즐기는 보편적인 놀이로 묘사하는 동시에, 자기 모습을 긍정하게 된 내밀한 심경의 변화와 연결한다.

사실 나도 사진을 그렇게 많이 찍는 편이 아니었고. 다른 사람이 나를 찍는 거에 대한 거부 반응, 괜히 부끄러운 마음, 그리고 그 결과물에 대한 불만족을 많이 경험했어서 사진 찍히는 걸 터부시했었어요. 진짜루요. 근데 어느 순간부터 …… 내가 내 모습을, 좀 예쁘게 바라보게 되는 힘이 생긴 거 같아요. 이게 힘인 거 같아요. 내가 옛날에는 별로 안 이뻤는데 지금은 엄청 예뻐져서 그렇다기보다는 외형적 자신감이 좀 생긴 이후부터 사진을 좀 많이 찍게 된 거 같아요. 그 전에는 약간 좀 위축되는 느낌이 있었죠, 남이 나를 바라보는 시선들에……. 내가 나를 바라보는 만족감 같은 게 커가는 과정에는 많이 흔들리잖아요. …… 내가 나를 바라보는 마음가짐[에도 영향을 미치니까]. 그땐 좀 자신감이 없었고, 내 모습을 막 표현하고 싶지 않고 좀 쑥스럽고. 쉽게 말하면 별로 안 예쁜 거 같고.

정은아는 스스로의 외모를 바라보는 "마음가짐"이 달라지면서 사진을 많이 찍게 되었다. 예전에는 자신의 얼굴이 예쁘지 않다고 생각해 "사람들이 많은 데를 갈 때 괜히 좀 부끄럽고 숨고 싶은 마음"도 있었다. 그러나 내내 콤플렉스였던 치열을 교정한 이후 외모 자신감도 생기고 다른 사람의 시선을 전처럼 신경 쓰지 않게 되었다. 자기사진 촬영은 외모 콤플렉스를 극복했다는 증명인 셈이다.

정은아처럼 자기사진을 통해 스스로의 '괜찮은' 외모를 점검하며 자신감을 얻는다는 여성들은 적지 않았다. 이는 자신의 모습을 '기록'하기 위해 자기사진을 찍는다는 김혜연의 주장과 공존하기 어려운 것으로도 느껴진다. 개인적인 기록과 외부의 기준이 전제된 "외형적 자신감"은 언뜻 무관해 보이기 때문이다. 그러나 자기사진을 통한 '기록'은 변화하는 자신의 모습을 단순히 시간에 따라 수집하는 행위에 그치지 않는다. 프레임에 담긴 '나'의 모습은 그저 통제할 수 있는 기록물에 그치는 것이 아니라 촬영자 자신의 관점이나 태도를 바꾸어놓을 수 있는 잠재력을 지니기도 한다. 자기사진 촬영이 "내가 나를 바라보는 마음가짐"과 "자신감", 특히 "내가 내 모습을 좀 예쁘게 바라보게 되는 힘"에서 비롯되었다는 정은아의 경험은 바로 이 점을 보여준다. 촬영자 여성들은 사진을 통해 자신의 내밀한 감정을 살피고 '자기긍정의 힘'을 북돋운다.

자기사진 촬영은 각자의 특수한 경험을 반영한다는

점에서 특별하지만 '예쁨'을 지향한다는 점에서는
보편적이기도 하다. 자기사진에 대한 촬영자 여성들의 기억과
감정은 개인과 또래 여성 집단의 영역을 계속해서 넘나든다.
촬영자 여성의 개인적인 것들, 이를테면 '예쁜 외모'와 "외형적
자신감"은 스마트폰 카메라와 SNS 플랫폼이라는 기술을 통해
재현되고 노출됨으로써 비로소 개인의 영역을 벗어난다.
'개인적인 것'들은 롤리팝에서 스마트폰으로 이어지는 '내
카메라'의 집단적 추억과 긴밀한 관계를 맺기도 한다. 촬영자
여성들은 자신의 감정과 외모, 관점을 일상적 촬영을 통해
확인하면서 '내 카메라'에 대한 공동의 기억을 함께 구성한다.

2000년대에 이르기까지 '개인 카메라 시대'를 소리 높여
주장하던 마케팅이나 사회 담론은 주로 카메라 보급률의
증가에 초점을 맞춰왔다. 그러나 촬영자 여성과 사진이
맺는 긴밀한 관계는 카메라의 보급률로만 설명하기 어렵다.
'개인 카메라 시대'를 열었다고 평가되는 보급형 필름
카메라나 디카도 젊은 여성들에게는 충분히 가닿지 못했기
때문이다. 촬영자 여성들의 첫 카메라는 대개 카메라폰과
스마트폰이라는 개인용 통신기기였다. 이와 함께 디지털
이미지의 범용화, 2000년대의 싸이월드에서 2010년대 이후의
인스타그램으로 이어지는 SNS 공간의 부상도 중요한 배경이
되었다. 1990년대를 거치며 한국사회에서 실현되는 듯 보였던

개인 카메라 시대, 또는 개인 사진 시대는 이처럼 예측하지 못했던 형태로 도래했다.

과거에는 마음대로 카메라를 다루기 어려웠던 젊은 여성들은 온라인 공간과 휴대폰의 보급에 힘입어 비로소 자기사진의 촬영자가 되었다. 자기사진은 젊은 여성들이 빠른 속도로 전개된 기술 변화를 감지하고, 새로운 기기와 인터넷을 활발하게 전유하는 방식으로 그 변화의 흐름에 참여했다는 증거다. 자기사진을 통해 개인적인 재현의 주체, 즉 '나'의 의미는 독특한 성격을 띠고 형성되기 시작했다. 자기사진에 붙는 '내 것'이라는 인정은 단순히 내가 직접 촬영했다거나 스스로의 모습을 사진에 담는다는 의미뿐이 아니다. 어떤 사진이 '내 것'이라는 인증은 촬영·보정·공유·전시 등의 여러 단계를 거쳐 사진에 유동적으로 부여되며 때로는 철회되곤 한다. 또한 디지털 이미지 형태의 자기사진은 스마트폰이라는 기기와 온라인 공간을 출현케 한 기술적 배경을 깊게 반영한다. 이제껏 일상적인 자기재현에서 배제되어왔던 촬영자 여성들의 자기사진이야말로 개인의 동기와 기술적 조건이 가장 극적으로 교차하는 지점이다.

'감성'의 순간, 자기사진을 찍다

스마트폰으로 일상을 촬영한 사진들은 다분히 개인적인 의미를 띤다. 설령 그 사진들이 각종 SNS를 통해 외부에 공개된다고 해도 그렇다. 자기사진을 찍는 여성들은 사진에 본인만의 의미를 부여하며 그 과정에서 카메라 기기, 또는 촬영 기술과 밀접한 관계를 맺는다. 자기사진 촬영은 무엇보다 스마트폰 카메라를 능숙하게 사용하고 작동법을 터득해야만 가능하기 때문이다. 촬영자 여성들은 자기사진을 찍으면서 '나'와 관련된 개인적인 요소들, 즉 외모나 감정, 일상적 상황이나 인간관계를 뽑아내고 사진에 '자연스럽게' 배치한다. 자기사진의 주인공인 '나'는 이러한 배치의 주관자다.

따라서 자기사진은 여성을 철저히 피사체로 위치시키는 이미지와는 다르다. 한국사회에서 여성 이미지가 대중적인 사진을 통해 재현되어온 방식을 떠올리기는 어렵지 않다. 증명사진이나 가족사진 그리고 상업적인 용도로 유통되는 화보나 포토 카드, 음란물·불법촬영물에 이르는 이미지들 속에서 여성들은 '아름다운 피사체'의 규범에서 자유롭지 못했다. 그러나 촬영자 여성들은 자신의 모습을 담은 사진들을 상품으로서의 사진과 단호히 구분한다. 당연하게도,

그것들은 고집스럽게 "내 사진"으로 불린다. '내 사진'과 그 밖의 사진을 가르는 기준은 오로지 촬영자 본인의 승인에 달렸다. 타인이 찍어준 사진이더라도 '나'의 인정을 받는다면 어렵지 않게 '내 사진'이 된다. 여성들의 자기사진이 스스로의 모습을 직접 촬영하는 '셀카'와도 다른 이유는 여기에 있다. 촬영자 여성들은 가까운 친구나 가족의 손을 빌려 자기사진을 찍기도 한다. 타인의 도움은 사진에는 드러나지 않더라도 촬영의 순간에 함께 있던 지인의 존재를 여성에게 상기시킨다. 한 사람의 모습에 집중하는 듯 보이지만 자기사진은 이처럼 주인공(여성)의 인간관계를 여러 가지 방식으로 포함하고 있다.

박주연은 나에게 자기사진의 촬영자가 꼭 본인이 아니어도 된다는 점을 일깨워주었다. 그는 20대 후반의 회사원으로, 스무 살 무렵부터 자기사진을 찍기 시작했다. 처음에 만남을 요청했을 때 박주연은 다소 난처한 기색을 보였다. 박주연은 자신의 모습이 담긴 사진에 양가적인 감정을 갖고 있다고 털어놓았다. 사춘기를 겪으며 외모 콤플렉스를 강하게 느꼈던 박주연에게 사진은 과거의 불쾌한 경험을 일깨웠기 때문이다. 중고등학교 시절 같은 반 남학생들은 교탁에 출석부의 사진 면을 펴고 여학생들의 외모를 소리 높여 평가하곤 했다. 교실을 자주 오갔던 외모 비하의 기억 탓에 박주연은 지금까지도 자신의 웃는 모습이 담긴 사진을 그다지 좋아하지 않는다.

그럼에도 시간이 흐르며 생각은 달라졌다. 고등학교를 졸업하고 "대학 들어가니까 그냥 좋았던" 시기, 주변 친구들이 스마트폰을 들고 "찍자, 찍자 하면 얼굴을 들이밀"면서 박주연은 사진에 익숙해지기 시작했다. 지금은 "못생기게 나오든 얼굴이 좀 일그러지게 나오든 좀 뚱뚱하게 나오든" "그냥 이것도 나"라고 생각한다. 무엇보다도 박주연의 자기사진에는 터울이 많이 나는 늦둥이 여동생과의 추억이 녹아 있다. 동생은 "예쁘게 나온 사진이 최고"라고 말하면서도 가장 열성적으로 박주연의 사진을 찍어주는 사람이다.

나 　[스스로의 모습이 담긴 사진을] 누가 찍었는지는 상관이 없는 거예요?

박주연 　네, 상관이 없죠. 저랑 같이 그 순간을 공유한 사람이라면 누가 찍든 상관이 없는 거죠. 여동생이랑 여행을 가서 여동생이 찍은 사진이면 내 사진이 될 수 있는데, 뭐 애먼 블로그에 올라와 있는 사진은 내 사진이 될 수 없는 거죠.

나 　그럼 기억을 공유하는 지표가 '내 사진'이 되는 건가요?

박주연 그렇다기보다 내가 허용하면 '내 사진'이죠.

어떤 사진이 '내 사진', 즉 자기사진으로 규정되는가는 촬영자
여성 스스로의 판단에 달렸다. 박주연이 "내 사진"이라고
지목하는 자기사진은 본인의 모습을 담은 데 더해 인정도
받은 사진, 즉 "내가 허용하"는 사진이다. '나'의 모습을 담은
사진이더라도 사진의 주인공이자 피사체의 인정이 없다면
자기사진이 되지 못한다. 자기도 모르는 새 포착된 스스로의
이미지는 놀람과 긴장감을 자아내거나 때때로 불안마저
야기한다. 이렇게 '나'의 모습을 허락 없이 담은 사진, 특히
불쾌한 방식으로 촬영된 사진은 승인을 받지 못한다.
그럼에도 그런 결과물 역시 '내 사진'이라 불릴 때가 있다.
누군가 멋대로 담은 모습에 대해 사진의 주인공이 소유권을
주장할 때가 그렇다. 이렇듯 어떤 사진이 자기사진으로
규정되는가는 사진이 촬영되고 전유되는 상황과 맥락, 그리고
촬영자 여성 본인의 판단에 달렸다. 승인의 주체인 여성
본인만이 자기사진을 인정할 수 있다.

　얼핏 까다로워 보이지만 '승인'은 그리 거창하지 않다.
자기사진은 어느 때고 남겨진다. 축하할 만한 일이 있거나
특별한 날, 이를테면 "생일날, 졸업식날, 전시 보러 가거나,
여행 가거나" 할 때 스마트폰으로 사진을 찍는 것은 필름

카메라나 디카가 사용되어온 방식과 크게 다르지 않다.
다만 스마트폰 카메라는 기념일이 아닌 특별할 것 없는
순간들에도 초점을 맞춘다.

　내가 어떨 때 스마트폰으로 사진을 찍느냐고 묻자
촬영자 여성들은 고민에 빠졌다. 이들은 너무나 당연한 걸
새삼스럽게 묻는다고 반응하거나, '막상 생각하려니 어렵다'며
스스로의 사진 찍는 습관을 찬찬히 돌아보기도 했다.
사진을 늘 즐겨 찍는다고 한 배수아는 사진이 과거 추억이나
다름없다고 하면서도 '사진 찍는 것에 딱히 의미는 없다'고
분명히 말했다. 배수아의 답변은 다소 모순적으로 들린다.
자기사진 찍기를 습관처럼 즐기고 그 사진들을 "추억"으로
보관하면서 정작 촬영 그 자체에 중요한 의미가 없다는 것은
무슨 의미일까? 또는 특정되지 않을 만큼 '중요하지 않은'
순간들, 거창하지 않은 기억들을 굳이 이미지로 기록하는
것은 왜일까? 정은아는 자기사진에 담은 순간, 즉 '중요하지
않은' 기억들 역시 중요하다고 말한다.

　　사진마다 찍고 나서 나중에 다시 보면 그 찰나의 감정까지도
　　기억이 난단 말이에요. 그 사진을 찍던 앞뒤의 대사, 환경?
　　이런 게 기억이 다 나요. 그리고 사진이라는 자체가, 좋을 때
　　찍는 거잖아요. 막 싸우고 있거나 울고 있거나, 되게 우울한

상황인데 찍진 않잖아요. 사진을 찍는 그 자체가 즐거움을 내포하고 있기 때문에, 기억하고 싶어서 찍는 거란 말이에요. 그 찰나를 놓치는 게 아까워서. …… 어떤 막연한 대상, [중요하지 않은] 아무 피사체일 수도 있는데, 그걸 보면서 내가 어떤 감흥, 마음이 일면 그것도 남기는 거죠. 새롭고. 마음이 이는 거죠. 감흥이 이는 물건들. 만약 엄마가 오빠랑 먹으라고 도시락을 싸주셨어. 이걸 찍어둠으로써 이런 시간, 이런 상황, 이런 예쁜 정서 같은 것도 남기고 싶은 거죠. 찍어놓지 않으면 없어지잖아요, 내 머릿속에는 있지만. 머릿속 기억이라는 건 좀 한정되어 있고, 결국에는 지워지니까 이런 식으로 찍어놓고. 또 [사진 찍는 것은] 완전 놀이예요. 완전 재밌어요. 내 모습을 이렇게 객관화해서 어떤 기록으로 남기면 그 하나하나를, 찰나 찰나를 볼 수 있잖아 사진은. 그게 되게 재미있어.

자기사진은 어떤 거창한 의미나 중요한 사건 외에도 "찰나 찰나"의 소회를 담았다는 점에서 특별하다. 자기사진은 예전에 잠시 일어났던 감상과 감정을 붙들어두고 지금의 나에게 일깨운다. 자기사진을 촬영하는 '의미 없는' 습관은 사소한 과거의 감상을 끊임없이 소환하려는 현재의 욕구와 맞닿아 있다. 사실 그런 종류의 기억이나 욕구는 자기사진과 공생하는 관계이다. 소회라는 것은 애초에 자기사진이라는 증거물 없이는 구체적으로 복원하기 어려운 찰나의 느낌이다. 자기사진은 촬영한 이미지 없이는 그 존재마저 잊어버릴 만큼 휘발성 강한 감상을 환기하기 때문에 중요하다. 자기사진의 필요성은 기록을 위한 목적뿐 아니라 그것이 자체적으로 생산해내는 순간의 가치, 즉 재미와 즐거움에서 나오는 것이다.

"내 모습을 이렇게 객관화해서 어떤 기록으로 남기"는 것이 "완전 재밌는 놀이"라는 정은아의 말처럼, 자기사진의 목적인 기록과 놀이는 서로 명확하게 분리하기 어렵다. 스마트폰 사진을 통한 기록은 엄격한 필요에 따른 과제가 아니다. 자기사진 촬영은 중요한 증거자료를 남기고 보존하여 미래의 예기치 못한 상황에 대비하는 행위와는 다르다. 사진으로 남겨야 하는 중요한 순간은 따로 정해져 있지 않은 데다 자기사진이야말로 '중요한 순간'과 '사소한 순간'을 가리지 않고 포착하기 때문이다. 여기서 재미는 사진을 찍게 만드는 중요한 동기가 된다. 자기사진 촬영은 다분히 사적이고 일상적이며 "찰나 찰나를 볼 수 있"는 즐거움을 누리는 놀이와 다름없다. 촬영자 여성들은 남기고 싶은 순간에, "그냥 찍고 싶을 때" 자신의 모습을 사진에 담는다. 이들은 자기사진 촬영이 의무가 아니라 "재미있으면 찍고 재미없으면 안 찍는"

[사진 1] 자기사진의 여러 가지 모습.
이유빈, 황은하 제공.

자유로운 기록이며, 무엇보다도 그 자체로 익숙한 습관이라
말한다. 촬영자는 그저 기분에 따라 셔터를 누르고 사진은
감흥의 부산물로 자연스럽게 남겨질 뿐이다.

　자기사진은 순간적인 기분, 그리고 감흥과 엮여 있다. "잠깐
방에 있을 때", "마음에 드는 옷을 입었을 때", "밖에 나가서 그
환경, 배경에 즐거움을 느낄 때", "가끔 화장 잘되면", "머리를
새로 했을 때", "'아 오늘 괜찮네.' 하고 느낄 때", "콘서트 가서",
"너무 웃겨서 웃긴 걸 기념하기 위해서", "그 장소가 정말
환상적으로 예뻐서", "화장실 거울 중에 이뻐 보이는 거울"을
발견했을 때, "날이 좋아서", "계절 바뀌었을 때" 등 촬영의
순간은 무수히 많고 다채롭다. 단순해 보이지만 몇 가지
조건으로 명확히 규정될 수 있는 것도 아니다. 스마트폰을

항상 지니고 다니는 여성들은 사진을 찍게 만드는 중요한
동기로 "순간적인 느낌"을 꼽는다.

> 나 　오늘 이동하면서 제 차 안에서도 [셀카] 찍었잖아요.
>
> 박주연 　찍으려다 말았죠. 그냥 뭔가 좀, 딱 봤는데,
> 별로더라고요[웃음].
>
> 나 　딱 봤는데 별로라고요?
>
> 지은선 　앱을 켰을 때, 사진을 찍자고 마음을 먹고 앱을 켜는
> 게 아니고요. 앱을 켜보고 잘 나온다 그러면 여기서
> 찍자, 이렇게 되는 거예요.
>
> 홍소연 　분명 같은 장소랑 같은 얼굴이고, 같은 시간인데도
> 마음에 들 때가 있고 마음에 안 들 때가 있잖아요.
> 이상해. 그래서 마음에 안 들 때면 그냥 안
> 찍어버리고.
>
> 나 　사진 찍는 느낌이 있는 거군요.
>
> 박주연 　이게 바로 '갬성'인가[웃음].
>
> 지은선 　내 기준을 충족하는 화면이 나와야 돼요.

"내 기준을 충족하는 화면"을 담은 자기사진은 특정한
배경이나 소재로 조립되기보다는 촬영자의 순간적인 감흥과
판단에 따라 순간적으로 포착된다. 지금이 사진으로 남기기에

적당한 상황인지를 가늠하는 일은 스마트폰 화면을 '딱 봤을 때', 아주 짧은 순간에 이루어진다. 그리고 어디론가 외출을 앞두고 있거나 이동하는 순간의 설렘은 자기사진을 남길 만한 '갬성'▪을 만들어낸다. 촬영자 여성들은 '갬성'이라는 표현으로 '특별한 느낌'을 강조한다. '갬성'은 단순히 좋은 기분에 그치지 않는다. 그보다는 "내 기준을 충족하는" 자기만족적인 느낌, 그리고 무엇보다도 일상에서 벗어난 설렘에 가깝다. 외출하여 사람들을 만나 즐거운 시간을 보내기 이전에도 이동 그 자체가 '갬성'을 만들어내는 경험이다. 다분히 일상적이고 식상한 공간에 가더라도 숙련된 촬영자는 '갬성'을 포착할 수 있다.

　'갬성'은 어디론가 이동하는 경험이나 일상("루틴")에 '나'의 모습을 성공적으로 배치하였을 때 느껴지는 만족감이기도 하다. 물론 촬영자 여성들은 일상에서 벗어난 느낌 역시 본인의 일상에 포함되어 있음을 알고 있다. 다만 자기사진으로 남긴 순간들은 시간이 가도 진부해지지 않고 여전히 생동감을 띤 즐거운 기억들로 가공된다. '갬성'은 어느 정도 예상이 가능한 일상의 연속에서, 때때로 발견되는 환기의 순간에 빠르게 포착된다. 그리고 자기사진은 이동하는 개인의 감흥이 담긴 동적인 기록으로 남는다.

▪ '감성'을 장난스럽게 이르는 말. 인터뷰이들은 인스타그램에 올리는 사진들이 주로 띠는 아련하고 향수 어린 느낌, 또는 그러한 느낌에 가볍게 더해진 허세를 표현할 때 '갬성'이라는 단어를 사용했다.

자기사진과 이동성의 긴밀한 관계를 감안하면, 셔터를
여러 번 눌러 움직이는 순간을 '연사'(연속사진)로 찍을 수 있는
스마트폰은 최적의 도구이다. 스마트폰은 작고 가벼우므로
촬영자가 손목을 자유롭게 움직여 앵글을 조절하기에도
적합하다. 촬영자 여성들은 스마트폰으로 되도록 많은 사진을
찍고, 그 가운데 마음에 드는 몇 장의 사진을 골라낼 수 있다.

> 한서연 　보통 일 년 정도 되면 [찍은 사진이] 천 장은 넘어요.
> 　　　　한 번 놀러가서 찍어도 몇백 장은 찍어오고, 몇백 장
> 　　　　찍어서 [한 장을] 건지자는 주의라.
>
> 나 　　　한 번 포즈를 잡고 셔터를 누를 때 보통 몇 장 정도
> 　　　　찍으세요? 몇 번?
>
> 한서연 　열 번 이상 찍는 거 같은데요. 제가 남 찍어줄 때는.
>
> 나 　　　그중 하나를 고르는 거예요?
>
> 한서연 　그렇죠. 몇 개 골라서 친구들 보여주고.

20대 후반의 한서연은 즉흥적으로 찍은 듯해도 세련된
자기사진으로 깊은 인상을 주었다. 내가 그의 메신저 프로필
사진을 보면서 감탄하자, 한서연은 남자친구가 유난히 사진을
잘 찍어준다며 웃었다. 한서연 역시 다른 친구들을 유난히
공들여 찍어주는 편이다. 친구가 포즈를 잡으면 "몇백 장

찍어서 [한 장을] 건지자는 주의"로 사진을 촬영하고 선별한다. 이처럼 가장 좋은 사진을 세심하게 골라내기 위해 "찍고 확인하고 찍고 확인하고"를 반복하며 한자리에서 되도록 많은 사진을 남기는 이들도 적지 않다. 다른 사람에게 촬영을 부탁하고 "같은 장소에서 같은 사진을 같은 포즈로 한 서른 번 넘게 찍"은 다음 "피드백 가장 괜찮은" 사진을 고르는 경우도 있다. 이런 이유로 셔터를 아낌없이 그리고 빠르게 누를 수 있는 스마트폰은 자기사진 찍기에 가장 적합한 도구이다.

자기사진은 개인적인 의미와 기억을 담는 동시에, 스마트폰을 통해 빠른 속도로 남겨지면서 촬영자 여성의 일상에 더욱 깊게 침투한다. 스마트폰의 뛰어난 휴대성을 무기로 자기사진은 촬영자 여성의 시공간적 이동 경로를 충실히 따라가며 '갬성'과 같은 내밀한 영역에 깊숙이 개입한다. 이러한 사진은 프레임 안팎에 존재하는 인간관계, 즉 철저히 촬영자 여성 개인의 관점에서 재편되고 조직된 인간관계를 반영한다.

"원래 그랬던 것처럼" 예쁘고 기쁘고 즐겁게

촬영자 여성들은 자기사진을 '내 것'으로 인정하고 사소한
느낌과 기억을 프레임 안에 담아낸다. 이들의 일상은 이미지,
특히 스마트폰으로 촬영한 자기사진이라는 특정한 유형의
사진에 강하게 밀착된 듯 보인다. 자기사진에 묶어둔 기억과
감정들은 겉으로 보면 포착할 수 없을 만큼 내밀하며
개인적이다. 촬영자 여성들은 힘들고 지루한 일상에서
자기사진에 담아둔 특별한 '일상'이 깊은 위로가 된다고
말한다.

　　20대 중반의 황은하도 그렇다. 지방에서 나고 자란
그는 대학에 입학하면서부터 집을 떠나 생활해왔다.
현재는 수도권의 한 대학원에서 공부를 하면서 이따금씩
아르바이트를 하여 생활비를 충당한다. 본가는 대학원에서
멀리 떨어진 곳에 있어서 자주 가지 못한다. 기숙사에서
홀로 지내다보면 이따금씩 견디기 힘든 회의감과 외로움이
찾아오기도 한다. 대학원에 진학하기로 결정하면서 그는 여느
또래 친구들처럼 사회초년생으로 진입하는 대신 계속해서
학생인 상태로 남아 있을 수밖에 없었다. 공부를 하다 막힐
때면 미래에 대한 불안감이 슬그머니 찾아왔고, 남들에게
뒤처지고 있다는 생각에 초조해지기도 한다. 그럴 때면

황은하는 스마트폰에 정리해둔 사진들을 보곤 한다.

> 잠 안 올 때면, 잠들기 전에 이렇게 ○○랜드[놀이동산], [사진을
> 가리키며] 여기가 옛날에 ○○랜드였거든요. ○○랜드 갔다 온
> 사진 보면서 '이때 진짜 재밌었다'. …… 사진 보고, 기억 다시
> 되돌아보고. 이런 사진을 다시 볼 때면 항상 좀 힘든, 힘든
> 상황이에요. 좋았던 기억을 다시 꺼내본다는 사실 자체가,
> 지금 힘들어서 이때로 돌아가고 싶어서 사진을 꺼내보는
> 때가 많거든요. 지금 즐거운데, 이미 재밌는데 다시 옛날 거
> 볼 이유는 없잖아요. 지금 피곤하고 힘들고 과제에 시달리고
> 이럴 때면, 아, 옛날에 재밌었지, 하고 그때 기억을 꺼내보는
> 거죠.

힘든 상황마다 예전의 재미있던 기억을 꺼내본다고는
하지만, 당시라고 해서 지금과 같은 고민과 걱정이 없었던
것은 아니다. 과거 찍은 사진들을 즐겨 찾아보는 황은하도
그 사실을 알고 있다. 다만 자기사진은 애환과 즐거움이
복잡하게 섞인 날것의 경험이 아니라, 현재의 슬픔을 잊게
만들 만큼 긍정적으로 가공된 기억을 보여준다. 이는
한소연에게도 마찬가지였다.

[사진은] 거의 즐거울 때 찍은 거라 오히려 우울할 때 보면 좋은 거 같아요. 저는 밝은 모습이 진짜 저라고 생각해서, 좀 우울할 때는 사진 보면서 원래 이런 모습이지, 우울해지지 말자, 해요. 친구들이랑 있을 때, 남자친구랑 있을 때는 밝으니까.

황은하 한소연이 말했듯이 즐거운 모습만을 사진에 남기는 것은 얼핏 자연스러운 욕구로도 보인다. 자기사진은 언젠가 미래에 느낄 우울함을 날려버릴 만큼 긍정적이며 활기 넘치는 기억들로 점철되어 있다. 반면 현실의 주인공이 느낀 과거와 현재의 애환은 자기사진 속에서 드러나지 않는다. 정확히 말하면 슬픔은 단순히 표출되지 않는다기보다 자기사진을 통해 적극적이며 의도적으로 묻히는 데 가깝다. 밝은 분위기에 둘러싸인 사진 속의 '나'는 현재의 '나'로 하여금 "원래 이런 모습이지, 우울해지지 말자"고 되뇔 수 있게끔 만들기 때문이다. 이처럼 자기사진은 현실에서 겪는 어려움을 '긍정적으로' 전환하는 도구이다. 이는 사진 속 주인공에게 자기위로와 자기긍정이라는 상당히 개인적이면서도 적극적인 해결책을 제공한다.

촬영자 여성이 자기사진의 이면에 숨은 여러 뒷사정을 떠올릴 수 있다는 것은, 자기사진이 개인적인 사정을 담는 동시에 표면적으로는 은폐한다는 뜻이기도 하다. 그 어떤 '부정적'인 암시도 자기사진 속에서는 뚜렷하게 나타나지 않는다. 돌이켜보면 앞서 황은하가 토로한 불안감은 그의 불운이나 외로움을 잘 타는 성격에서 비롯되지 않았다. 그는 집안이 넉넉지 않으면서도 대학원 진학을, 그것도 향후 진로가 불투명한 인문학 계통 전공을 선택한 것에 대한 회의감에 짓눌렸다. 촬영자 여성들 가운데는 '앞길이 보장된' 진로를 선택하지 못했다는 이유로 황은하와 같이 초조해하는 이들이 많다. 이미 직장에 자리를 잡고 일하는 여성들조차 자신의 불안정한 '선택'에 의구심이 든다고 토로한다. 이들은 '나름대로 노력'했음에도 비인기 전공이나 박봉의 일자리를 '선택'하고 말았다는 회의에 시달리며, 남들이 보기에 꽤 좋은 일자리를 잡았더라도 직장 내부의 끊임없는 경쟁에 부담을 느낀다.

자기사진의 표면에는 복잡한 속사정이 잘 드러나지 않는다. 오히려 자기사진은 현실의 각종 어려움을 숨기는 동시에 부정적인 감정에 맞설 긍정적인 감정을 끊임없이 불러일으킨다. 이처럼 자기사진은 긍정의 힘을 소환하는 자기위로의 도구이기도 하다. 촬영자 여성들의 일상에 만연한 불안감은 감정의 전환을 통해 치유하고 해소할 개인적인 문제로 치부된다. 자기사진이 일종의 긍정 도구로 작동하는

것은, 역설적이게도 촬영자 여성들이 현실의 불안감을 강하게
인지하기 때문이다. 자기사진을 통해 행복은 남는 반면
어려움은 가공하고 지워버릴 대상으로 분류된다. 자기사진은
'개인'과 '자기만족'을 표명하는 듯 보이지만 사실 촬영자
여성이 놓인 현실의 구조에 긴밀하게 접속한다.

흥미롭게도 촬영자 여성들이 지닌 다채로운 경험들은
자기사진 속에서 대동소이한 형태로 재현된다. 촬영자
여성들은 다양한 직업과 학업적·경제적 배경을 지니고 있다.
그럼에도 이들이 저마다 '개성을 담아' 촬영하는 자기사진은
스마트폰 카메라와 SNS 플랫폼이라는 기술을 거쳐 엇비슷한
모습을 띤다. 설령 상이한 피사체와 경험을 담는다 해도
자기사진은 촬영자 여성의 몸과 얼굴을 보여주는 측면에서는
유사한 방식을 공유한다. '만족스러운 나의 모습'을 사진 속에
담는 방법은 그들의 몸과 얼굴을 특정한 형태('자연스러운
예쁨')로 재현하는 주어진 기술을 경유하여 형성되기
때문이다.

자기사진의 전면에는 무엇보다도 '예쁜' 얼굴과 몸이
등장한다. 사진의 주인공은 꾸민 내색 없이 자연스럽게,
그러나 예쁜 모습으로 스스로를 재현한다. 자기사진 속
여성의 모습은 2000년대 성행하던 얼짱 셀카의 전형성,
그리고 여성에게 '피사체로서 아름다운 몸가짐'을 요구해온

한국사회의 오래된 미적 규범과도 무관하지 않다. 존 버거에 따르면 여성과 남성 간의 불평등한 성별 위계는 그림이나 사진의 재현을 통해서도 작동한다. 즉 시각 매체 속 여성의 태도나 차림새, 여성적 기호나 취향은 남성적 시선에 맞춰 조정된다. 사회적인 존재로서 여성은 감시자인 남성의 관점에 따라 자기를 검열하고 재현하도록 유도되기 때문이다. 여성은 본인의 모습을 '매력적'으로 재현하는 과정에서 이성애자 남성의 시선을 깊게 내면화한다.[1] 스스로를 예쁘게 꾸미고 촬영하는 자기사진 역시 그러한 시선을 반영한 결과물이다. 촬영자 여성들은 자기사진을 통해 "미리 잘 검토된 여성성"[2]을 연출하고 외부에 노출한다. 이들은 개성적인 자기재현의 주체인 동시에, 타인(남성)의 시선에서 만들어진 아름다움을 '자유롭게' 생산하는 주체이다. 특히 조작이 비교적 자유로운 디지털 사진을 통해 여성의 모습은 더욱 '아름답게' 다듬어질 수 있다.

촬영자 여성들 중에는 '자기만족'을 위해 자기사진을 찍는다고 주장하는 경우가 많다. 촬영은 누가 시켜서 하는 일이 아니라 자발적이며 즐거운 놀이라는 이야기다. 이들은 SNS에 업로드하는 자기사진이 "과시"나 "자랑용"이라는 점을 인정하면서도 타인의 시선보다 본인의 의지가 우선한다고 강조한다. 배수아도 인스타그램 계정에 자기사진을 즐겨 올리지만 오로지 '내가 좋아서 올리는 것'이라 강조한다. "어디 이쁜 데 갔다, 나 좋은 곳 갔다, 하고 자랑"하고 싶거나 "남들이 이쁘다, 이쁘다 해주니까 그게 더 좋아서 셀카를 올리는 거"지 다른 의미는 없다는 것이다. 그러나 누군가 강요해서 찍지 않더라도 타인은 자기사진 촬영에 이미 개입해 있다. 촬영자 여성은 자기사진을 찍고 업로드하면서 타인의 시선을 가늠하고 프레임에 담길 외모를 조정하기 때문이다. 자신의 사진을 두고 "이쁘다 해주"는 타인의 반응이 배수아를 북돋웠듯이 '자기만족'은 전적으로 독립적인 감정만은 아니다. '나'와 지인, 그리고 익명의 누군가까지 온라인 공간에 업로드된 자기사진을 바라볼 수 있으므로 이러한 피드백은 더욱 활발해진다. 자기사진은 이미지를 응시하는 여러 사람의 시선을 의식하고 반영한 결과물이다.

이와 함께 자기사진은 촬영자 여성에게 자신의 얼굴을 부위별로 꼼꼼히 뜯어볼 계기를 제공한다. 자기사진을 통해 스스로의 모습을 보는 것은 즐거운 놀이나 자기만족이라 표현한 이들에게도 사진 속 '나'의 얼굴이 모두 달갑지만은 않다. 자기사진에서 만족을 얻기 위해서는 무엇보다도 '나'의 모습이 결점 없이 보기 좋아야 한다. 촬영자 여성은 습관적으로 카메라 애플리케이션을 켜고 자기의 얼굴과 몸을 바라보면서 본인의 외모를 더욱 면밀히, 그리고 수시로 뜯어보게 된다. 얼굴의 좌우가 대칭을 이루지 않거나 볼이 통통해 보이거나 코가 뭉툭하고 입이 튀어나와 보이는 등의 결점은 사진에서 최대한 숨겨야 한다. 외모 결점이 도드라진 자기사진은 "느낌이 안 사는 사진", 즉 자기만족을 하기에 부족한 사진이다. 김소혜(20대 중반)는 자기사진을 찍으면서 얼굴의 '부족한 점'을 더 "객관적으로 보"게 된다고 말한다.

> 김소혜 저는, 제가 생각했을 때, 좌우대칭이 그래도 맞는데 셀카를 찍어 보면 대칭이 아니라는 게 보이게 되고. ······ [얼굴] 가로 너비가 넓긴 하거든요. [얼굴의 세로를 손으로 가리키며] 여기가 짧고 [얼굴의 가로를 손으로 가리키며] 여기가 넓어요. 사진을 찍으면 여기[가로]가 더 도드라져 보이고. 제가 턱이 짧거든요. 사진 찍으면 더 도드라져 보이고. 실제보다. ······ 셀카를 찍는 렌즈가 화각이 좁다보니까 모여 보이게 된대요. 그래서 뒤로 갈수록 굴곡져서 나온대요. 그래서 사선으로 찍어야 된다고[웃음]. 화각이 되게 중요한 게 시야가 엄청 넓어야 그만큼 정확하게 나오는데, 핸드폰은 시야가 좁으니까, 넓지 않으니까 그렇게 나온다고 하더라고요. ······ 거울을 볼 때는 티가 안 나는 게 셀카로는 더 적나라해 보이는 거 같은. 남이

찍든 내가 찍든, 사진을 찍으면 더 객관적으로 보이는
거 같아요. 얼굴이. 거울을 보면 내 얼굴이 필터를
거쳐서 보이는 느낌이고, 사진은 필터 없이 그냥
찍으면 내 모습이 더 적나라하게 보이는?

나　　렌즈에 의해서 왜곡이 있는데도 더 객관적인 거예요?

김소혜　그렇게 생각이 되더라고요. …… 거울을 볼 때는,
거울 자체가 문제가 아니라 내가 받아들이는 것의
문제? 눈에 보이는 걸 인식하면서 머리로 합리화가
돼서 들어오니까 부족한 게 잘 안 보일 수도 있는데,
사진으로는 내가 남 보듯이 보게 되잖아요. 그런
게 객관적으로 보인다는 뜻 아닐까. 얼마나 잘
보이느냐가 아니라 내가 어떻게 보느냐의 문제인 거
같아요. 아예 결점 없이 나오진 않겠지만 숨길 수 있는
거는 숨기고, 내 얼굴의 좋은 점, 내가 자신 있어 하는
점은 노출시키고.

자기사진을 즐겨 찍는 김소혜는 평소에 거울로 비춰 볼 때와
스마트폰 카메라를 통해 필터 없이 볼 때 본인의 얼굴이
다르게 나타난다고 생각한다. 자연스럽게 움직이는 거울 속
모습보다도 스마트폰 화면에 고정된 스스로의 얼굴이 더
'객관적'이라는 것이다. 본인의 모습이 예쁘게 비춰지도록

각도를 조정하는 등 "합리화"하면서 볼 수 있는 거울과 달리, 고정된 이미지인 사진을 통해서는 외모의 부족한 부분을 찬찬히 그리고 "더 적나라하게" 뜯어볼 수 있기 때문이다. "사진으로는 내가 남 보듯이 [나를] 보게 되"며 김소혜는 그것이 객관적인 시선이라고 생각한다.

사실 타인과 직접 대면할 때 보여주는 얼굴은 거울에 비치는 것처럼 자연스럽게 움직이는 모습에 가깝다. 그러나 김소혜가 말했듯, 사진은 몸의 움직임으로 인해 포착하기 힘든 세부까지 스스로 검토할 수 있게 한다. 프레임 안에 담긴 본인의 얼굴을 찬찬히 보면서 "남 보듯이" 나를 살피는 것, 타인의 시선을 가장해 '나'의 결점을 꼼꼼히 짚어내는 방식은 자기사진을 통해 터득할 수 있는 기술이다. 이처럼 자기사진은 "내가 받아들이는 것"을 문제시하면서 외모의 부족한 점에 집중하고 그것을 까다롭게 교정하게끔 만든다. '나'의 외모를 교정 가능한 얼굴과 몸, 즉 문제적인 대상으로 제시하는 것이다. 촬영자 여성들은 카메라를 통해 내 얼굴의 결점과 자신 있는 부위를 동시에 확인한다. 이러한 과정을 거쳐 자기사진은 "숨길 수 있는 거는 숨기고" "내가 자신 있어 하는 점은 노출시"킨 결과물로 남겨진다.

자기사진은 촬영자 여성으로 하여금 외모에서 결점을 찾고 이를 적극적으로 보정할 계기를 제공한다. 또한 자기사진을 수시로 촬영한다고는 하지만 그것은 외모가 "준비되었을 때" 가능하다. 정은아는 자기사진이 "예쁨이 충만한 상황"을 남긴 결과물이며, 촬영에는 꾸미고 화장하며 "외모적 컨디션"을 갖추는 준비 과정이 따른다고 강조한다. 마찬가지로 대부분의 촬영자 여성들은 화장을 하지 않은 상태에서 자기사진을 찍지 않는다. 게다가 많은 이들이 적당한 '외모적 컨디션'을 갖추기 위한 자신만의 방법이 준비되어 있다. 여성들은 외출하고 돌아와서 "[화장이] 살짝 번져 있을 때" 또는 "입술을 엄청 진하게 발랐을 때" 사진을 찍는 등의 팁을 전해주었다.

사실 화장과 같은 준비 과정이 굳이 없더라도 자기사진은 카메라 애플리케이션이 제공하는 기능을 활용하여 보기 좋게 보정된다. 촬영자 여성들은 별도의 기기나 프로그램을 복잡하게 동원하는 대신 스마트폰에 깔린 애플리케이션을 통해 손쉽게 사진을 다듬을 수 있다. 내가 만난 여성들은 모두 즐겨 쓰는 카메라 애플리케이션이 하나 이상 있었으며, 많으면 서너 개를 용도별로 구분해 쓰거나 유료 애플리케이션을 구매하는 경우도 있었다.

20대 중반의 김보라와 황은하도 그렇다. 굳이 새로운 카메라 애플리케이션을 설치하지 않더라도 최근에 나오는 스마트폰은 기본적으로 "셀카 모드"라 불리는 보정 기능을 포함하고 있다. 김보라와 황은하도 스마트폰에 내장된 기본 카메라를 가끔은 사용하지만, 결국은 "더 필터가 쎄서 [사진이] 예쁘게 나오"는 별도의 애플리케이션을 주로 쓰게 된다. 카메라 애플리케이션은 전체적인 화면의 색감 조절뿐 아니라 '피부결'과 '브이라인', 눈 크기 조정 등 꽤 세부적으로 외모를 교정할 수 있는 뷰티 기능을 제공한다. 이러한 기능 없이 기본 카메라로 찍은 사진은 보정된 자기사진에 의해 갤러리에서 점차 밀려난다. 자연스럽게 대부분의 자기사진은 촬영과 동시에 적당히 보정된 이미지로 갤러리에 남게 된다.

그렇지만 보정이 너무 과해서도 안 된다. 물론 자기사진은 기본적으로 보정을 거친 이미지로서 기본 카메라로 찍은 사진과는 달라야 한다. 필터 없이 촬영된 날것의 사진에는 "피부가 너무 적나라하게 나오"는 데다(박주연), '갬성'을 자아내는 부드러운 색감과 또렷한 명암, 매끄러운 얼굴선 등 특유의 느낌이 없기 때문이다. 자기사진은 어느 정도 보정을 거치되 지나치지 않아야 한다. 물론 '적절한 보정'의 기준은 사람마다 다르다. 촬영할 때부터 보정이 만족스러울 정도로 "빡세게" 되면서도(김보라) "필터 너무 많이 끼었"지는 않았으면 좋겠다(박주연)는 바람은 언뜻 모순적으로도 들린다. 그러나 이 둘은 반드시 상충하지만은 않는다. '잘된 보정'은 예쁘면서도 감쪽같은 교정이기 때문이다. 즉 "얼굴이

일그러질 정도"로 형태를 변형하는 것이 아니라 얼굴을
"하얗게 만들고" 크기를 적당히 줄여주면서 "원래 그렇게 생긴
것처럼" 보여주어야 한다. 그런 이유로 촬영자 여성들은 '나'의
얼굴을 지나치게 적나라하게 내보내지 않으면서도 "티 안
나게" 보정을 해주는 카메라 애플리케이션을 찾아 자기사진을
찍는다.

이렇듯 보정은 다 같은 보정이 아니다. 촬영자 여성들은
전체적인 색감과 얼굴의 형태를 약간씩 조정하는 기본적인
정도에서부터, 지나치게 변형을 가해 형태가 크게 달라지는
정도에 이르기까지 단계별로 보정을 구분한다. 자기사진은
그 양극에서 적절한 균형을 잡아야 한다. 촬영자 여성들은
보정을 가해 사진을 다듬는 방법을 꽤 구체적으로
묘사하면서도 본인의 경우가 전혀 지나치지 않으며
자연스러운 정도임을 내내 강조했다. 여기서 '자연스러움'은
결코 보이는 그대로의 상태를 뜻하지 않는다. 그보다는 '티
나는 보정'의 반대인 '적절한 보정'을 설명하는 단어이다. 또한
'자연스러운 사진'은 "내가 갖고 있는 [모습 중에] 최대로 예쁜
모습"이며 '나'를 "현실보다 이쁘게" 보여주도록 현실의 모습을
가공한 이미지를 뜻한다.

'자연스러운 예쁨'은 자기사진에서 가장 중요한 미적
조건이다. 촬영자 여성들은 '자연스러움'을 상당히 넓은

의미로 쓴다. 어떤 느낌으로 사진을 찍고 싶느냐고 묻자
촬영자 여성들은 모두 '자연스러운 사진'을 강조했다. 촬영자
여성들은 얼굴과 몸에 대한 보정의 적절함을 가늠할 때뿐
아니라 사진의 좋고 나쁨을 이야기할 때("자연스러운 사진이 잘
나온 사진이죠."), 또는 촬영할 만한 순간과 공간을 포착할 때
자연스러움을 고려한다. 자기사진과 관련한 자연스러움은
좋음, 또는 만족스러움에 해당하는 가치로 통한다. 황은하는
이렇게 말한다.

> 중요한 건, 그 배경 앞에서 포즈를 취하고 있는 제가
> 자연스러우냐 안 자연스러우냐. 그 배경 속에 자연스럽게
> 녹아들고 있나. 사실 어떻든 저만 자연스럽게 잘 나오면 돼요.
> …… 표정이 되게 많이 좌우하는 거 같고, 포즈, 손을 어디다
> 둘 거냐, 머리 넘길 거냐, 폰을 보는 척을 할 거냐 이런 차이죠.
> 배경은 상관없어요. …… [포토존에서 찍은 사진을 보여주며]
> 이게 진짜 풍경이 있는 사진이랑은 다르잖아요. [포토존은]
> 하나의 이벤트? 이 사진을 보면, 제가 잘 나왔다고 생각해요.
> 별로 어색한 거 같지 않거든요. 그 사진이 왜 예뻐? 하면 할 수
> 있는 말이 별로 없어요. 그냥 표정이나 포즈가 자연스러워서?
> 너무 카메라를 의식하지 않고, 너무 어색하지 않게 나와서.

군이 방문을 기록하기 위함이 아니라면 배경의 세부는 자기사진에서 과감히 생략됨으로써 '나'의 자연스러움을 돋보이게 하는 장치가 된다. 자기사진의 주인공은 연출력을 발휘하여 "배경 속에 자연스럽게 녹아들"게끔 노력한다. 다른 일에 몰두하다가 우연히 찍힌 느낌으로 상황을 연출하는 식이다. 심지어 사진 촬영을 위해 인위적으로 만든 공간인 포토존■에서도 자연스러움은 중요하다. 황은하는 '나'의 모습이 "이벤트성 장소"이자 "휘발적 장소"인 포토존에도 얼마든지 자연스럽게 스며들 수 있다고 말한다. 자기사진에서 배경은 가장 중요한 요소가 아니기 때문이다. 사진의 전면에 드러나면서 포토존과 같은 미완성의 배경을 완성시키는 것은 바로 '나'의 자연스러운 모습이다([사진 2]).

자기사진은 어디까지나 자연스러워야 한다. 촬영자 여성들은 지인의 사진이 '자연스럽지 않기' 때문에 별로라거나, "성형해주는 어플"처럼 과도한 보정 기능을 쓴 사진이 "너무 어색해" 보인다고 말했다. 그런가 하면 '자연스럽지 않다'는 표현은 자기사진에서 드러나는 과도한 과시 욕구를 지적할

■ 사진 촬영을 할 수 있도록 소규모의 부스에 배경 장식과 소품 등을 배치해 꾸며둔 장소. 놀이공원이나 관광 명소, 카페, 또는 전시회장에 많이 설치된다. 황은하는 포토존이 오래 남아 있지 않고 짧은 기간 내에 다른 공간으로 대체된다는 점에서 "휘발적 장소"라 설명하였다. 포토존에서 사진 찍기를 즐기는 사람들은 하나의 포토존이 다른 공간으로 대체되거나 철거되는 것에 아쉬워하지 않으며, 오히려 새로운 포토존이 설치되기를 기다린다.

[사진 2] 포토존에서 찍은 자기사진.
황은하 제공.

때에도 쓰인다. 나는 여러 명의 촬영자 여성들이 담소를
나누는 자리에서, 지나친 허세 때문에 어색한 사진을 찍는
남성 지인들에 대한 농담을 들었다.

A   내 남동생은 셀카를 찍으면 꼭 이렇게 [스마트폰을 턱
     아래로 대고 눈을 내리깔며] 찍어.

B   아저씨들은 다 그렇게 찍어.

C   평소에 여자들이 이렇게 찍는 거를 [팔을 치켜들고
     스마트폰으로 수줍게 사진을 찍는 시늉을 하며] 자기가
     뭐라고 했으니까 그런 거 아닐까? 민망하니까?

D   들키고 싶지 않아서. 원래 스마트폰 쓰는 각도로.

C	거울 앞에서 찍는 거는, 멋있다고 생각하니까 그렇게 찍는 거 같아[웃음].
나	정장 입고 찍는 거울 셀카요?
A, B	[동시에 상체를 측면으로 약간 틀어 보이며] 꼭 이렇게[웃음].
C	주머니에 손 하나 넣어야 돼[웃음].
D	그리고 운동하는 사람들은 헬스장에서 벗고 찍잖아.[모두 웃으면서 공감한다]
C	나 그때 아는 동생한테 소개받았던 남자가 그랬단 말이야. 딱 여기 해병대 바지에, 헬스장에서 그렇게 찍은 거야!
A	야, 근데 걔는 해병대 바지에서 이미 폭탄이야.[모두 웃음]

이들은 자기사진에서 예뻐 보이고 싶다는 욕구를 부정하지 않는다. 자신의 '예쁨'을 지나치게 과시하지 않고 자연스러움으로 포장할 수 있다면 문제가 없다. 그러나 예쁘게 사진을 찍는 것을 두고 "셀기꾼(셀카 사기꾼)"[3]이라 조롱하거나 멋지게 보이고 싶은 마음을 "들키고 싶지 않아서" 요령을 쓰지 못하는 사람, 또는 과도한 허세를 드러내는 사람은 '자연스러운 사진'을 찍지 못한다. 특히 C는 여성

지인의 자기사진을 두고 '사진 속 인물이 정말 네가 맞느냐'며
놀리곤 하는 주변 남성들을 겨냥한다. 여자들의 사진을
비웃는 남성은 촬영을 위해 자연스러움을 연출하는 스스로를
"민망해"할 수밖에 없다. 그래서 그들은 과한 포즈를 취해
우스꽝스러운 사진을 찍고 만다. 스마트폰 카메라를 무심한
듯 내려다보는 시선으로 찍은 사진, "헬스장에서 벗고"
상체를 뒤튼 채로 또는 정장 차림에 "주머니에 손 하나
넣"고 찍은 셀카, 심지어는 "해병대 바지"를 입고 찍은 사진이
그것이다. "폭탄"의 사진들은 자연스러움의 규칙을 어김으로써
웃음거리가 된다.

[ㅁ]

　자연스럽게 예쁜 모습, 특히 얼굴을 핵심적인 요소로
배치함으로써 자기사진은 촬영자 여성의 외모와 관련된
경험에 깊게 개입한다. 김소혜도 지적했듯 자기사진은
촬영자 여성들이 스스로의 외모를 '객관적'으로, 즉 타인의
시선을 통해 자신을 응시하고 평가할 수 있는 중요한
수단으로 기능한다. 촬영을 통해 여성들은 본인의 외모에
가해지는 외부의 평가를 인식하고 그 피드백을 다음 촬영에
성공적으로 반영함으로써 일상적 촬영을 자기만족적인

행위로 만들어낸다. 자기사진은 여성들로 하여금 스스로의
외모 '수준'을 판단하고 결점을 교정하며, 바뀐 모습을
인증하게끔 유도하는 주요한 통로이다.

내가 만난 여성들 가운데 두 명은 각각 다른 계기로
외모의 변화를 경험한 적이 있다. 정은아는 전에 사귀던
남자친구의 권유로 치열을 교정했고, E는 치료 목적으로
양악수술을 받았다. 두 경우는 변화한 얼굴의 부위도
달랐으며 동기도 상이했지만 두 사람의 외모를 가시적으로
변화시켰고, 두 여성 모두 이에 만족했다. 흡족한 변화 이후
두 사람은 자기사진을 더욱 많이 촬영하고 있다.

정은아 　 굳이 따진다면 외형적인 만족감은 치아교정 덕분인 거
　 　 같아요. 다른 사람들은 내가 교정을 한다고 했을 때,
　 　 왜? 뭣 때문에? 다 물어보고 다들 공감하지 못하는
　 　 상태였는데도 나는 그게 좀 콤플렉스였어요. 나만의
　 　 콤플렉스였어. 그러다가 …… [전 남자친구가] 나한테
　 　 엄청 예쁘다고 해주다가, "너는 이 교정만 하면 진짜
　 　 얼굴이 반듯해지면서 더 뚜렷하게 예뻐질 거야."
　 　 하니까. 나는 뭔가 유레카인 거야. 그동안 교정을 하고
　 　 싶다고 할 때 아무도 동조해주지 않고 공감해주지
　 　 않았는데, 내가 막연히 갖고 있던 그 갈등을 상대가

딱 공감해주고 딱 인정해주니까. 그게 계기가

되어버린 거예요. 그래서 …… 나에게 주는 선물로

내가 교정기를, 내 돈으로 철도를 깔아버렸단 말이야.

그래서 사람들이 다 "또라이"라고[웃음]. 그걸 왜 까냐

하는 얘기를 들으면서도 나는 되게 즐거웠어. 그래서

그 교정기를 깔고 난리 났잖아. 못 먹고, 누가 봐도

웃기고. 근데 오히려 철도를 깔고 그 모습을 하나도

부끄러워하지 않았어요. 교정을 하는 그 이 년의

시간을 되게 당당하게 즐겼어. 철도 깔고 있는 모습도!

상황마다 약간의, 자기한테 내재되어 있는 콤플렉스가

있잖아요. 외형적인 콤플렉스. 그런 거를 정면으로

부닥치니까, 마음가짐이 엄청 달라지고. 굉장히

해소가 돼요.

나   그러면 사진은 그런 콤플렉스를 밀어낸 자기증명인

거예요?

정은아   그럴 수도 있을 거 같아요. 그러니까 내 모습에

흡족함이 조금 생긴 거지. 그러면서 그걸 자꾸 남기고

싶고. 또 사진을 찍었을 때, 교정 전과 후가 내 눈에는

극명하게 다르단 말예요. 남들은 아무도 몰라. 근데 난

극명하게 달라. 입을 드러내고 웃지 않아도, 그런데도

달라요. 입을 다물고 있어도 그 얼굴의 미묘한 차이를,

굉장히 즐거워라 했던 거 같아요.

정은아에게 가지런하지 않던 치아는 남들은 잘 모르는
"내재되어 있는 콤플렉스"였다. 그러나 교정 이후 "얼굴의
미묘한 차이"는 '극명한 변화'처럼 느껴졌으며, 변화한 외모를
사진으로 "자꾸 남기고 싶"어졌고 촬영 또한 "굉장히 즐거"운
일이 되었다. 자기사진을 많이 찍으면서 정은아는 과거에 갖고
있던 외모 콤플렉스를 마침내 극복했다고 느낀다.

정은아와 마찬가지로 E 역시 수술 이후에 자기사진을 더
많이 찍게 되었다. 수술은 미용 목적이 아니었으나 얼굴을
더 갸름하게 만들어주었으며, 달라진 모습으로 찍은 사진은
예전보다 만족스러웠다. 정은아와 E의 경우에 달라진
외모에 대한 만족감은 자기사진을 본격적으로 즐기게 하는
원동력이다. 그러나 이러한 긍정적 경험에도 불안감은 늘
잔존한다. E는 수술 이후 변화한 '나'의 모습에 만족하지만,
더욱 적극적인 촬영자가 되면서 수시로 본인의 얼굴을
확인하는 버릇이 생겼다. 수술 흔적이 옅어지고 자기사진을
많이 찍게 되면서 자신감을 얻기도 했지만 이는 일시적인
위안에 불과하다. 자기사진은 아무리 예쁘게 나오더라도
외모에 대한 만족감만을 제공하지 않기 때문이다. 자기사진은
촬영자 여성으로 하여금 스스로의 외모를 더욱 꼼꼼하고

엄격하게 뜯어볼 수 있게 하며, 끊임없이 자기만족과 불안의 사이를 오가게 만든다. 정은아는 치아교정을 하면서 외모 콤플렉스를 "정면으로 부닥치니까" 스스로의 마음가짐도 달라졌다고 자부하며 비로소 "내 모습에 흡족"해졌다고 말했다. 그러나 이런 긍정적인 반응도 타인의 시선을 고려하여 스스로의 외모를 평가한 다음에야 나올 수 있다. 정은아의 경우에는 남자친구의 시선이 기준이었다.

물론 외모와 관련된 사회적 압박은 비단 젊은 여성에게만 가해지지 않는다. 적지 않은 수의 중장년 여성이나 젊은 남성도 '외모 평가'의 타깃이 되거나 자기사진을 즐겨 찍는다. 그러나 SNS에서 노출되는, 특히 외모를 강조해 촬영한 자기사진 가운데 젊은 여성들의 사진이 압도적으로 많다는 것은 경험적으로도 확인할 수 있다. 이러한 상황에서 자기사진은 여성의 외모에 가해지는 미적 규범을 반영하고, 그러한 압박을 인지하며 '자발적으로' 재현하는 도구로 기능한다. 설령 자기사진을 촬영하지 않더라도 상황은 마찬가지이다. 외부의 평가는 단순히 자기사진을 찍지 않겠다고 '선택'함으로써 벗어날 수 있는 것이 아니기 때문이다. 자기사진은 외모에 가해진 평가와 개인적인 콤플렉스를 함께 암시한다.

이 때문에 젊은 여성들의 자기사진은 다른 성별, 연령

주체들의 자기사진과 구별된다. 촬영자 여성들의 자기사진은 중장년 여성이나 젊은 남성의 경우에 비해 높은 강도의 외모 압박을 반영한다. 개인적인 SNS 계정에 전시되는 자기사진도 빠르게 품평의 대상이 된다. 품평되는 몸은 대개 여성의 몸, 특히 젊은 여성의 몸이라는 점을 촬영자 여성들은 오래도록 인지해왔다. 인터넷 커뮤니티에서 무수한 여성의 몸 이미지가 'OO녀'의 이름을 달고 남성 유저들에게 공유된 흐름은 지금도 이어지고 있다.

4장

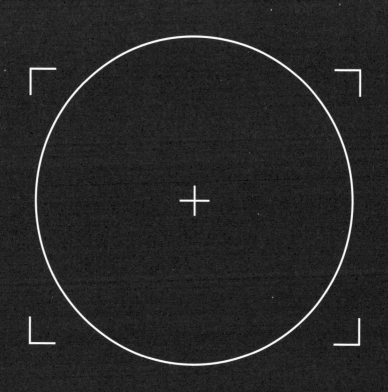

자기사진의
안전과 공포

촬영자 여성들은 자기사진을 두고 여러 시선이 오갈 수 있다는 사실을 알고 있다. 복제와 공유가 쉬운 디지털 사진의 특성상 자기사진이 촬영 이후 누구의 손에 들어갈지는 쉽게 예상할 수 없다. 또한 카메라와 사진이 여성을 향한 성착취의 도구로 쓰여왔음을 경험으로 아는 여성들은 본인의 자기사진 역시 비슷한 위험에 처할 수 있음을 인지하고 있다. 외부에 공개된 사진이 몇 번의 저장과 공유를 통해 확산될 수 있다는 것을 알기에, 더욱 많은 사람들이 자기사진을 볼수록 긴장은 더해진다. 이러한 긴장에도 불구하고 많은 여성들이 자기사진 촬영을 즐기고 적극적으로 수행한다는 사실은 얼핏 모순적으로 보인다.

자기사진은 '자유로운 개성 표현의 도구'와 '성적 대상화의 매개물' 사이를 오가며 이중성을 띤다. 사실 이 두 가지는 분리되어 있지 않다. 여성들의 자기사진은 개인적인 이야기가 담긴 자기표현의 도구이지만, 그러한 표현의 가능성은 한국사회에서 사진이라는 시각매체를 둘러싸고 형성된 '여성 이미지'의 전형성에 구속받기 때문이다. 촬영자 여성은 한국사회에서 오랫동안 아름다운 피사체가 되기를 요구받아온 경험을 자기사진에 반영한다. 이들은 자신의 사진에 가해지는 미적 규범을 인지하면서, 자신의 몸과 얼굴을 온라인 공간에 올리는 것이 어떤 위험에 노출되어 있는지 익히 경험했다. '자기만의 사진'은 이렇듯 불안한 배경 속에서 만들어진다.

자기 경험의 대체 불가능한 증거물

자기사진은 외부에 자신의 모습을 '쇼잉'하는 창구이기도 하지만, 한편으로는 촬영자 여성의 내밀한 기억과 감성에 밀착된 기록이기도 하다. 여성들은 자기사진을 적극적으로 활용하여 개인적인 기억을 구성하며 이때 사진은 기억의 지표로서 꼭 필요한 도구다. 1990년대를 지나며 디카나 폰카 등 새로운 카메라가 등장하고, 2010년대에 들어 개개인이 스마트폰을 사용하면서 여성들은 비로소 '나'의 역사를 사진으로 남길 수 있었다. 최근 촬영자 여성들은 자신의 사진을 찍으며 누구의 딸이나 어머니, 아내가 아닌 '나'의 관점을 만들어낸다. 촬영한 사진을 마음에 들게 보정하거나, '나'에게만 의미 있는 사진들을 추려 앨범으로 만들고 전시하는 일련의 과정은 오로지 '나'의 발견과 맞닿아 있다. 촬영을 통해 여성들은 개인적인 기억을 축적하고 재구성하는 주체로 자리매김한다.

나 　　본인에게 사진의 의미는 무엇인가요?

김보라 　나의 역사?

나 　　그럼 사진이 없는 나의 역사는 뭐예요?

김보라 　왜곡된, 왜곡될 수 있는 역사. 사진은 증명이자 리마인더가 되는 거죠. 기억을 상기시켜주는, 정확한 기억을 할 수 있게 해주는.

나 　　둘 중 하나가 없으면 불완전한 걸까요?

김보라 　그렇지 않을까요? 정말 어렸을 때 사진 있잖아요. 제가 기억을 못 하는. 그때의 추억은 사진 속에만 있으니까 불완전하기는 하죠. 어렸을 때 사진은 기억이 아예 없으니까.

김보라의 말처럼 사진이 없는 나의 역사는 "왜곡될 수 있는 역사"이다. 사진은 "증명이자 리마인더"이며, "정확한 기억을 할 수 있게" 도와준다. 김보라는 과거를 구성하는 사진이 없다면 지금 본인이 기억하는 것들은 불완전하다고 느낀다. 디지털 사진은 얼마든지 자유롭게 조작할 수 있는데도 이렇듯 객관적인 기록과 다름없다고 여겨진다. 쉽게 변형할 수 있는 디지털 사진들은 그것으로 구성하는 기억의 진정성을 의심케 하는 대신, 오히려 자기 경험의 대체 불가능한 증거물로 자리를 잡았다.

선별된 사진들은 촬영자가 선택한 디지털 앨범에 남아 중요한 기억으로 인정받는다. 촬영자 여성의 모습은 앨범에 정리된 다수의 사진들에서 주인공으로 일관되게 등장한다. 자기사진들은 특정한 사건이나 기간을 중심으로 분류되어 디지털 앨범을 구성한다. 그 개개는 순간적인 장면과 감흥을 담고 있지만, 디지털 앨범이라는 하나의 폴더로 묶이면서 '나'의 시공간적인 이동 경로를 재구성하여 보여준다.

촬영자 여성들은 저마다 다른 방식으로 사진을 관리하지만 나름대로 선별 기준을 갖고 있다. 스마트폰으로 찍는 자기사진의 수가 워낙 많기 때문에 마음에 드는 사진을 골라내기 위해서는 기준이 필요하다. 물론 디카나 이전 시대의 카메라폰도 필름 개수에 구애받지는 않았지만 여전히 메모리 용량이 제한되어 있었다. 반면 스마트폰 카메라는 내장 메모리 외에 클라우드 서비스와도 연결되어 있으므로 사진을 저장할 수 있는 공간이 훨씬 넓다. 또한 스마트폰은 다양한 촬영 모드는 물론 다수의 사진을 편리하게 담고 선별할 갤러리를 제공하므로, 이전과 비교할 수 없을 만큼 많은 사진을 촬영하고 다루기에 적합하다. 실제로 스마트폰으로 찍은 사진들은 실물 기기는 물론 클라우드를 여러 개 '운영'하며 관리할 정도로 넘쳐난다.

사진의 양이 절대적으로 증가하면서 촬영자가 자기사진을 관리하는 작업은 더욱 복잡해질 수밖에 없다. 필름 카메라로 찍은 사진을 인화하여 앨범에 정리하는 방식과는 달리, 디지털 사진 중에서는 '보관할 만큼의 가치가 없는 사진들'이 예전보다 훨씬 높은 비중을 차지하고 있다. 또한 스마트폰 갤러리가 클라우드 서비스와 연동되면서 촬영자가 의식하지 못하는 새 사진이 자동으로 저장되는 일도 잦다. 전에 비해 압도적으로 늘어난 자기사진을 처리하는 작업이 새로운 과제로 주어진 것이다. 한서연(20대 후반)에게도 몇백 장에서 몇천 장에 이르는 사진들을 온전히 관리하기란 쉬운 일이 아니다. 그는 클라우드와 컴퓨터의 하드 드라이브를 오가면서 사진을 틈틈이 정리하곤 하지만, 사진은 때때로 주체하기 어려울 정도로 넘쳐난다.

한서연   [하드 드라이브는 사진을] 옮기기 위해서 써요.

클라우드도 용량이 부족해가지고, 여행 가면 진짜 천

장 넘게 찍거든요. 거기서 선별을 하긴 하는데 그래도

몇백 장 나와요. 최소 육백 장은 나오거든요. 여기 있는

걸, 핸드폰에 있는 걸 지워가면서 올려가지고.

나   클라우드는 어떤 걸 쓰세요? 용량이 충분한가요?

한서연   네이버 클라우드요. 용량 부족해요. 30기가. 원래

다음 클라우드 썼는데, 서비스 중지해서 한 번 다

날려먹고. 그리고 네이버 클라우드로 옮겼어요. ……

사진 많이 날렸어요. 서비스 중지 고지가 났는데

[백업을] 미루다가, 날렸어요. 그런데 뭐 기억도 안

나니까. 매년 찍거든요, 친구들이랑.

한서연은 클라우드를 꾸준히 쓰고 있다. '사진을
많이 날려먹은' 후로 지금은 한 서비스에 정착했지만,
30기가바이트에 달하는 용량이 부족할 정도로 새로운 사진이
빠르게 쌓이고 있다. 사진이 넘쳐난다는 사람은 한서연만이
아니었다. 일상의 면면을 남기는 촬영이 갈수록 흔해지면서
사진의 선별은 상당한 시간과 노력을 할애해야 하는 작업이
되었다.

사진이 정신없이 불어나는 가운데 어떤 사진들은 쉽게

날아가고 잊힌다. 촬영자 여성들에게 자기사진을 잃어버린 경험은 드물지 않았다. 소홀히 관리되는 디지털 사진은 자기도 모르는 새 없어져버리기 때문이다. 한서연 역시 여러 클라우드 서비스를 오가는 과정에서 과거에 촬영한 사진을 한꺼번에 잃어버리기도 했다. 디지털 사진은 이처럼 쉽게 쌓이지만 그만큼 쉽게 잃어버릴 수 있다는 점에서 특유의 불안정함을 지닌다.

나 　디지털 사진하고 인화된 사진하고 어떤 게 더 안정적이에요?

정은아 　인화해놓은 거요. 그리고 인화를 해서 앨범화하는 그 물리적인 과정도 너무 값지더라구요. 약간 웃기는 표현을 빌리자면, [디지털 사진은] 무기계약직 정도. 정규직은 [아날로그식] 앨범이 정규직인 거 같고. …… [아날로그식] 앨범도 파기할 수 있지만 훨씬 더 신중하게, 완벽하게 작품화해놓은 거 같은 느낌이 있는데, 실제로 만져지고. 근데 이거[디지털 사진]는 언제든지 지울 수 있고. 편리성은 있지만 안정성은 좀, 감정적 안정성도 떨어지는 거 같고.

나 　감정적 안정성은 뭐예요?

정은아 　그냥 뭐랄까. 정말 언제든지 지울 수 있는, 가벼운 느낌? …… [아날로그식] 앨범도, 한 번 쓰레기통에 처박을 수 있어. 똑같은 행위잖아, 버리는 행위 자체는. 그런데 다시 끄집어낼 수 있잖아. 아날로그 사진은 눈에 보이고 버려도 다시 되돌릴 수 있는데. [디지털 사진은 삭제하면] 뭐 어디 찾아가서 살릴 수도 있고 아닐 수도 있지만 내 힘으로 할 수 있진 않잖아요.

정은아는 심지어 디지털 사진을 "무기계약직"에 비교하며 "정규직(아날로그식 앨범)"에 비하면 "감정적 안정성"이 떨어진다고 표현한다. 디지털 사진은 실수로 지우기라도 하면 복구하기 어려우므로 가벼운 느낌이 든다는 것이다. 즉 디지털 사진은 한 번 휘발되면 다시 돌이키기 어렵다. 이는 정은아만의 느낌이 아니다. 내가 만난 촬영자 여성들 대부분이 실수나 기기 고장, 또는 싸이월드 서비스 종료와 같은 예기치 못한 사건으로 디지털 앨범을 잃어본 경험이 있었다.[1] 이들은 다음에 똑같은 일이 일어나지 않도록 디지털 앨범을 여러 곳에 백업하거나, 반대로 중요한 사진만 따로 보관한 뒤에 사라져버려도 상관없는 나머지 사진은 그냥 방치하는 방식을 택했다. 서혜린 역시 촬영한 자기사진의 일부만을 따로 간직하고 "없어져도 괜찮은 사진들"은 느슨하게 관리하고 있다.

나 클라우드 같은 걸 따로 쓰시고요?

서혜린 옛날엔 썼었는데. 자동 백업이 되니까 사진을 여러 장 찍으면 실패한 것들도 같이 올라가잖아요. A컷이 아니라. 그게 너무 귀찮고 사진 찾으려면 그것도 일이더라고요, 너무 많으니까. 그래서 안 쓰게 됐어요.

나 그럼 컴퓨터에도 안 옮기시고요?

서혜린 안 옮겨요.

나 그럼 핸드폰이 없어지면?

서혜린 네, 다 날아가요. 안녕. 없어져도 괜찮은 사진들이라고 생각을 해놓고. 제가 돈 벌어 먹고살아야 하는 [업무 관련] 사진들 같은 건 백업을 해두니까 그건 상관이 없고.

흥미롭게도 디지털 사진의 불안정성을 경험적으로 인지한 촬영자 여성들은 사진 유실에 전전긍긍하는 대신 서혜린과 같이 초연한 태도를 취한다. 이들은 자기사진을 "나의 역사"와 동일시하거나(김보라) "행복한 모습의 기억"으로 여기면서도(임수진) 삭제된 사진에 별다른 미련을 느끼지 않는다. 사진이 통으로 날아가면 약간의 아쉬움이야 있지만, 곧이어 다른 사진들이 갤러리에 쌓이면서 삭제된 사진들의 기억은 점차 희미해진다. 내가 만난 여성들 중에 자신이 어떤 사진을 찍었고 어디에 저장하고 있는지 정확히 기억하는 사람은 아주 소수였다.

'여행 가면 천 장이 넘는 사진을 찍는다'고 말한 한서연도 마찬가지다. 그는 사진 찍기를 유난히 좋아하는 편에 속한다. 우울할 때는 예전 사진들을 보면서 마음을 달래며, 친구나 가족과 찍은 사진에는 애착마저 갖고 있다. 그런데도 실수로 '날린' 사진에 대해서는 별다른 의미를 두지 않는다. 한서연이 이전에 사용하던 클라우드 서비스가 종료되면서 적지 않은 사진이 삭제되어버렸지만, 곧 새로운 사진들이 늘어나면서 빈자리는 금방 채워졌기 때문이다. 그는 새로운 사진들을 찍으면서 '날아간' 사진 가운데 어떤 것이 있었는지도 금방 잊어버렸다.

촬영자 혼자서 관리하기 어려울 정도로 자기사진은 과도하게 늘어나고 있다. 스마트폰 메모리와 클라우드를 빠르게 채우는 사진들을 완벽하게 관리하고 편집하기란 사실상 불가능하다. 관리 속도는 사진이 불어나는 속도를 따라잡지 못하기 때문이다. 이런 상황에서 자기사진의 일부는 언제고 우연히 삭제될 수 있으며, 반대로 촬영자가 그 존재를 잊어버린 자기사진이 오래된 폴더에서 갑자기 튀어나올 수도 있다. 개인적인 '역사'와 동일하게 간주되는 자기사진의 컬렉션은 촬영자의 철저한 관리를 통해 완성된다기보다,

이처럼 우연이나 실수를 통해서도 재구성된다. 사진을 지표 삼은 기억도 그러한 과정을 거치며 일깨워지거나 망각된다.

물론 어떤 사진은 의도적으로 삭제된다. 촬영자 여성들에게 사진 관리는 긴 시간을 두고 여러 차례에 걸쳐 이루어지는 작업이기도 하다. 시간이 흐르며 어떤 자기사진은 과거의 즐거운 기억을 상기하는 자료로 앨범에 보관되는 한편 그다지 달갑지 않은 기억을 담은 사진은 삭제된다. 특히 촬영자 여성들에게 연인과의 이별은 한동안 찍고 간직했던 자기사진을 대폭 정리하는 계기이다. 여기서 인생의 특정한 시간적 구간은 줄지어 배치한 일련의 사진, 또는 하나의 사진 폴더로 대체되어 손쉽게 삭제된다. 이현지가 사진 폴더를 통으로 휴지통에 넣으며 "(옛 연인과 보낸) 내 시절을 삭제한다"고 말한 것처럼 '시절'은 사진처럼 클릭 한 번, 터치 한 번으로 삭제할 수 있는 것이다. 이처럼 현재 시점에서 과거의 사진을 삭제하고 선별하면서 갤러리를 눈에 걸리는 것 없이 재구성하는 일은 어렵지 않다. 디지털 앨범은 궁극적인 완성이 있다기보다 이후의 재구성 과정을 전제한다. 촬영자 여성들은 현재 시점에서 자기사진 갤러리를 재구성하면서 과거에 몇 번이고 다시 접근한다.

촬영자 여성은 단순히 껄끄러운 사진을 삭제하는 데 그치지 않고 디지털 앨범을 통해 '행복한 인생'을 집중적으로 재현해낸다. 대부분의 촬영자 여성들은 불편한 순간을 사진으로 남기지 않는다. 촬영 당시에는 괜찮았지만 시간이 지나 보기 불편해진 사진 역시 갤러리에서 즉각 제거된다. 행복한 순간을 담은 자기사진으로만 갤러리를 구성하려는 의도는 스마트폰을 통해 사진을 선별하는 작업을 거듭하면서 이루어진다.

갤러리를 구성하는 사진의 보정과 선별을 거치며 삶의 어려움은 존재하지 않는 것처럼 숨겨진다. 자기사진은 촬영자 여성의 과거에서 우울함 없이 즐겁고 밝은 모습만을 보여주면서, 현재 겪고 있는 슬픔이나 어려움을 일시적인 감정처럼 느끼게 만든다. 촬영자는 과거의 자기사진을 들춰보며 당시의 감흥을 되새기고 현실을 위로받는 일에 익숙해진다. 전에도 틀림없이 존재했을 외로움이나 고달픔은 제거되며 과거는 돌아가고 싶은 시기, 행복한 한때로 묘사된다. 반면 현실은 원래 행복한 모습의 '나'가 과거에서 위로를 받으며 이겨낼 수 있는 대상이 된다. 자기사진으로 구성되는 기억은 자기위로의 서사이다.

자기사진이 애초에 촬영자의 결점을 제거하고자 하는 계산에 맞게 촬영되고 보정된 이미지임을 감안하면 촘촘한 선별 작업도 그 연장선으로 볼 수 있다. 선별을 거쳐 주인공이 보고 싶어 하는 모습은 남고 그렇지 않은 요소는 세밀하게 제거된다. 주인공 본인이 원하지 않는다면 가족 관계 또한 숨길 수 있다. 자기사진은 촬영자 여성의 기호에 맞게 조정된 인간관계를 담는다. 바로 이 지점에서 자기사진의 갤러리는 가정용 카메라로 남긴 아날로그식 앨범과 구분된다. 자기사진은 철저히 촬영자 여성의 관점에 맞춘 세계를 보여준다. 무수한 자기사진들은 '나' 중심의 서사로 재구성되며, 촬영자 여성들은 비로소 무결점의 역사를 지닌 개인이 된다.

"여성의 몸은 재화다"

촬영자 여성들은 자기사진을 관리하기 위해 애쓰지만 사진의 양이 갈수록 증가하기 때문에 관리에 어려움을 겪는다. 특히 자기사진은 SNS를 통해 타인에게 쉽게 노출되면서 더욱 통제 불가능한 것이 된다. 또한 촬영자 여성은 당초 예상하지 못한 타인의 반응과 맞닥뜨리는데, 많은 경우 이는 자기사진에 대한 외모 품평이라는 형태로 나타난다.

내가 만난 여성들은 모두 사진으로 외모를 품평당해본 적이 있다. 사진에 담긴 본인의 모습이 타인에게 평가 대상이 될 수 있다는 사실은 단순한 예상이 아니라, 오랜 시간 쌓인 경험을 통해 체득된 것이다. 박주연은 중고등학생 시절 같은 반 남학생들의 외모 평가가 아픈 기억으로 남았다고 회상했다. 그들은 출석부에 있는 여학생들의 사진을 두고 이런저런 품평을 주고받곤 했다. 흥미로운 점은, 박주연의 진술 속에서 이러한 경험이 단순히 기분 나쁜 사건에 그치지 않았다는 사실이다. 그는 사진 품평을 분명한 폭력, 특히 학교 내에서 경험했던 성폭력들 가운데 하나로 이야기하고 있었다.

> 우리 시대 교복들은 다 타이트하잖아요. 특히 하복이 하얀색에다가 되게 타이트하잖아요. [성추행 경험 당시] 내가 소릴 엄청 질렀어요. …… 그런 경험들이 있었어요. 내 입으론 별로 얘기하고 싶지 않은데, 외모 비하. …… 제가 다닌 학교들 다 그랬는데, 남자애들이 출석부를 펴놓고 줄줄줄줄 읊어요. 1번부터. 그걸 보고 어우, 저 쓰레기들. 고등학교 때도 "저 쓰레기들……"이 나왔어요. …… 저는 그 트라우마를 다 잊었다고 생각했는데 가끔 불쑥불쑥 튀어나오더라고요.

박주연은 그때로부터 십 년이 넘은 지금까지 자신의 사진을 두고 품평을 주고받던 남학생들의 이름을 뚜렷이 기억하고 있었다. 박주연이 자기사진을 촬영하게 된 것은 학창 시절을 벗어난 이후였으며 그로부터 본인의 사진을 부끄러움 없이 보게 되기까지도 다시 시간이 걸렸다. 그의 경험에서 '나'의 사진은 타인이 가하는 폭력적인 조롱과 밀접하게 연관된 것으로 드러난다. 같은 반 남학생들이라는 가해자의 상 역시 오래도록 잊히지 않고 "가끔 불쑥불쑥 튀어나오"곤 한다.

사진 속 스스로의 몸과 얼굴에 대한 여성들의 말하기는 외모 품평을 당한 불쾌한 기억, 그리고 때로는 성폭력 경험을 동반하기도 한다. 물론 위 사례에 등장하는 출석부 사진은 앞서 살펴본 자기사진과는 여러모로 다르다. 그러나 박주연은 출석부 사진을 둘러싼 불쾌한 경험이 이후 자기사진을 찍는 데 지대한 영향을 끼쳤다고 본다. 공적인 용도의 사진과 다분히 개인적인 사진은 그 종류와 용도가 다르지만 어느 것이든 외모 품평의 대상이 된다는 점에서는 같다. 박주연은 스스로 성적 매력을 어필하며 촬영한 사진뿐 아니라 공적인 용도로 배치된 여성의 사진 역시 집요한 외모 평가의 대상이 된다는 사실을 깨달았다. 게다가 외부에 노출되는 SNS 공간은 여성들의 자기사진에 대한 품평이 집중적으로 행해지는 영역이다. 여기서 자기사진에 대한 타인의 복제나 외모 품평을 제지하기란 불가능에 가까우며, 설령 원소유주가 이러한 일들을 불쾌하게 받아들이더라도 달리 대처할 도리는 없다.

자신의 몸과 얼굴이 디지털 이미지로 타인에게 노출되는 상황은 여성들에게 긴장과 공포를 유발하지만,

자기사진이라는 특정한 형태의 사진의 출현에 기인한 것은
아니다. 그보다는 좀 더 거시적인 배경, 즉 한국사회에서
여성을 대상으로 한 불법촬영이 오래도록 있어왔으며
최근에는 산업을 이룰 정도로 팽배했다는 사실과 관련이
있다. 특히 2020년에는 메신저 프로그램 중 하나인
텔레그램에서 미성년자를 대거 포함한 여성들을 협박해
얻은 성착취물■을 유포하던 일명 'N번방'의 범죄 행각이 각종
보도를 통해 널리 알려지기도 했다. 이처럼 여성의 신체를
동의 없이 촬영하고 배포하는 범죄가 흔해지면서 여성들은
사진을 도구 삼은 성폭력이 일상 속에 점차 침투해온다고
느낀다. 자신의 몸과 얼굴이 폭력적인 촬영에 항상 열려
있으며, 자신도 모르는 사이 누군가에 의해 촬영될 가능성을
인식하게 된 것이다. 게다가 촬영된 사진은 예상하기 어려울
만큼 멀리까지 뻗어나갈 수 있으므로 공포는 배가된다. 많은
여성들은 주변의 누군가에게 '촬영당하는 느낌'을 민감하게
감지하면서 구체적인 경험들로 공포를 학습해간다.

■ 사진이나 영상에 등장하는 당사자의 동의 없이 촬영,
배포된 시각적 결과물. 한 기사는 한국의 디지털 성착취 범죄가
'중앙관리자' 없이 "생산자, 유통업자, 참여자, 소비자가 각자
알아서 움직"이는 "거대한 생태계"를 기반으로 이루어지고
있다고 지적한다. 성착취 영상은 "디지털 성착취 생태계의
공통화폐"로서, 성착취물의 소비자가 성착취물을 '교환'하며
생산자나 유통업자로도 활동하게 되는 과정을 거쳐 대규모
데이터베이스를 구축할 정도로 증가한다(《시사IN》, 제655호,
2020, 「디지털 성범죄는 '협업적 성착취'」, 4월 6일).

인터뷰 중 여성들은 'N번방'이라는 용어를 하나의 범죄사건에 국한하는 대신, 주변의 타인이 자신이나 여성 지인의 사진을 돌려 보고 외모를 품평한 사건을 설명할 때도 썼다. △△대학교에 재학 중인 한 여성도 최근 불쾌한 일을 겪었다.

예전에 쎄한 말을 [남자] 동기한테 들었는데. 제가 "아, 애인이 없네." 하고 장난을 치니까 "아니야, 너 되게 인기 많잖아." 이러는 거예요. '너, 자세하게는 얘기 못 해주는데, 형들이랑 있는 단톡방에서 너 엄청 핫하다, 유명하다'면서. 그걸 칭찬이라고 한 거죠. 그래서 어이가 없어가지고, 그 방에 누가 있냐 물어보니까 그때 상황 파악이 됐나봐. 그래가지고 [그런 카톡방이] 우리 과도 있다. 쉬쉬해서 그렇지 우리 과도 분명히 있다. 엄청 많아요. …… 그 톡방, 엄청 성적인 거 있잖아요, 여자애들 성적으로 얘기한 거. 그런 말을 쓴 게 있었어요. 진짜 내 입으로 얘기를 못할 정도로 진짜 너무, 야동에서 하는 그런 말들. …… 학보사가 지금 제보받고 있거든요. 신문국이. …… 처음에 "너희 학과의 N번방", "너희 학과에도 N번방이 있어"라고 에타[대학 익명게시판 '에브리타임']에 글이 올라온 거예요. …… 그런 걸 남자들끼리 으레 하는 야한 농담으로 치부하는 애들이 있어요. 그렇게 중립 기어 박는 애들이 제일 문제죠. 결국은 가해자를 옹호하는 일인데.

일명 'N번방'과 성희롱이 오가는 '카톡방'이 돌아가는 방식은
수익 창출의 여부만 빼면 별로 다르지 않다. 여성 지인의
얼굴과 몸을 촬영하거나 여성 지인이 SNS에 올린 사진을
다수가 모인 방에 공유하고 문자로 성희롱하는 행위는
폐쇄적인 메신저의 '방'들을 거쳐 가능해졌고 별다른 제지
없이 시간이 흐를수록 증폭되었다. 이들 '방'을 통해 여성
사진은 성적인 눈요깃거리로 소비된다. 보도를 통해 공론화된
'N번방' 또는 일명 '박사방'의 경우 범죄자 남성들은 피해자
여성을 협박함으로써 사진을 얻어냈다.[2] 반면 '너희 학과의
N번방'에서 공유된 사진은 여성들이 SNS에 '자발적으로'
업로드한 자기사진을 다수 포함한다. 이처럼 다른 종류의
사진을 공유함에도 불구하고 두 가지 '방'의 성격은 완전히
별개의 것이 아니다. 사진을 얻는 경로와 '방'의 폐쇄 정도는
상이하지만, 여성들의 사진을 자유롭게 공유하고 이에 대해
품평을 일삼으며 남성 참여자들의 유대를 돈독하게 다진다는
점에서 두 '방'은 같다. 인터뷰 당시 한창 공론화되었던
'N번방'이나 '박사방'에 대해 분노를 표현하면서 여성들은 주변의
폐쇄적인 남성 공동체에서 여성 사진을 돌려 보는 문화를
강도 높게 비판했다. 주변 여성 지인의 사진을 마치 "야동"처럼

돌려 볼 수 있는 물건으로, 그에 대한 품평은 "남자들끼리
으레 하는 야한 농담으로 치부"하는 분위기 자체를
문제시해야 한다는 것이다.

이때 중요한 점은 여성들의 자기사진과 같이 직접
찍고 공개된 사진들이 '방'을 통해 폐쇄적으로 '유통'된다는
사실이다. '방'의 일원이 다른 여성들의 사진을 '몰래' 얻을 수
있는 방법은 불법촬영뿐이 아니다. 대학 입학 전 신입생들의
이름을 구글링하여 SNS 계정에 올라온 사진을 염탐하거나, 한
다리 건너 아는 지인을 통해 SNS에 올라온 사진을 공유받는
일은 드물지 않다. 일례로 김소혜는 카카오톡 메신저의
프로필 올렸던 사진이 입학을 앞둔 대학의 선배들에게
퍼지는 당황스러운 경험을 했다.

> 입학하기도 전에 제 사진이 떠돌았어요. 2학년부터
> 4학년까지 선배들이 제 얼굴 다 알고 있었어요. 어떻게 된
> 거냐면, 혜정이라는 동기가 있었는데 입학 전에 비슷한
> 지역이어가지고 친해졌어요. 그 친구가 대학 선배 언니
> 고등학교 후배였고 그래서 얘기가 닿은 거예요. 선배 언니가
> 사진을 동기 여자들만 있는 방에 공개를 했는데, 그중에 한
> 명이 남자친구한테 보여줬고, 그 남자친구가 전체 톡방에
> 다 뿌려가지고 2학년부터 4학년까지 다 알게 됐는데. ……

[입학한 후에 학교에서] 정말 얼굴도 모르는 선배가 와서 "소혜야 안녕?" 이랬어요. 그래서 제가 "네? 아, 네, 안녕하세요." 인사하니까 선배는 이제 얼굴 텄다고 생각했나봐. 제 핸드폰으로 "잘 지내보자." 하고 문자가 왔는데 저는 없는 번호라 누구인지 모르고. …… 지금이야 이렇게 얘기하지만 처음 들어갔을 때 너무 당황해서 울었어요. …… 그때는 그런 분위기였어요. [제 사진이] 다 돌았다고 [선배들이 아무런 문제도 아니라는 듯이] 얘기했어요, 저한테. 그때는 잘못된 거라는 관념도 없었기 때문에 이해도 가고 그렇긴 한데 무서웠죠, 저는. 거기까진 괜찮았어요. 그런데 그러고 나서 남자 선배들이 다 내 얼굴 품평을 한 거야.

자기사진을 SNS 계정에 업로드하면서 그것이 어느 누구의 손에 들어갈까를 정확히 예상하기란 쉽지 않다. 김소혜의 프로필 사진은 지인의 지인, 그리고 또 다시 그 지인의 연결을 타고 흘러갔다. 이름도, 몇 명인지도 모를 다수의 사람들이 '내 사진'을 다 공유해 돌려 보았다는 사실은 김소혜에게 공포로 다가왔다. 그러나 그런 행동을 제지하거나 비판할 "관념도 없었기 때문에" 이 일은 유야무야 묻히고 말았다.

김소혜의 불쾌한 경험과 △△대학교에서 일어난 '너희 학과의 N번방' 논란, 그리고 2020년 보도를 통해 알려진

'N번방 사건'은 얼핏 별개의 사건으로도 보이지만, 자기사진을 통제하려 애쓰는 촬영자 여성이 느끼는 공포라는 측면에서 이 세 현상은 서로 긴밀하게 얽혀 있다. 각각의 사건을 통해 촬영자 여성은 자신의 일상적인 사진이 품평의 대상이나 남성 집단의 즐길 거리가 될 수 있다는 사실을 깨달았다. 품평은 다른 사람이 몰래 찍거나 촬영자 여성이 직접 찍은 경우, 캐주얼한 스냅사진이나 출석부에 부착된 증명사진을 가리지 않는다. 즉 다양한 맥락과 상황 속에서도 여성의 자기사진은 "장바구니에 담는 물건처럼" 상품화될 수 있다.

앞서 언급한 세 현상은 여성의 일상적인 사진을 성적으로 대상화하며 마치 공공재처럼 소비하는 흐름이 현실에 다양한 층위로 자리 잡았음을 보여준다. 그저 불쾌한 에피소드 정도로 그쳤던 김소혜의 경험과 디지털 성범죄의 한 사례로 공론화된 'N번방 사건'은 각각 '비범죄'와 범죄로 다루어지지만, 여성 사진을 (성)폭력적으로 공유하는 방식 자체를 문제 삼는다면 이야기는 달라진다. 'N번방 사건'에서 남성들은 '방'의 조직자에게 돈을 지불하고 각종 경로를 통해 충성심을 증명함으로써 폐쇄적인 '방'의 일원이 되었고,[3] 성착취물을 볼 '권리'가 그 보상으로 주어졌다. 마찬가지로 신입생의 얼굴 사진을 돌려 본 선배 집단, 특히 "남자 선배들"의 단체 카톡방 구성원들도 유사한 '권리'를 공유하고 있었다. 누군가의 사진을 '우리끼리' 감상하고 그 사진의 주인공을 품평할 '권리'가 그것이다. 'N번방 사건'과 '어디에나 있는 N번방'은 자명한 범죄와 '비범죄'로 뚜렷이 구분되지만 거시적인 성폭력 '문화' 위에서는 경계가 모호해지며 둘은 하나로 연결된다. 이런 상황에서 'N번방 사건'에 가담한 남성들의 수를 협소하게 추정하려는 시도는 아무 의미도 없다. '너희 학과의 N번방'에 대한 고발은 바로 이 점을 지목하고 있다. 폭력적인 사진 공유 '문화'를 공론화하는 목소리는 'N번방' 현상을 'N번방 사건'에 국한해 보려는 시도에 맞서고 있다.

촬영자 여성들은 이러한 '문화'를 다양한 층위에서 경험하고 있었다. 사진과 카메라가 자신을 향한 범죄의 도구로 작동할 수 있다는 가능성은 이들에게 깊이 각인된다. 그런 이유로 사진에 대한 여성의 감각은 복잡한 층위에서 안전을 확보하는 방식으로 형성된다. 촬영자 여성들이 자기사진의 중요한 조건으로 본인의 승인과 인정을 강조하는 것은 이러한 맥락이다. 자연히 여성들의 자기사진 촬영은 잠재적인 위험을 여러 각도에서 계산하여 제거하는 과정을 포함한다. 여성들은 경험적으로 검열 기준을 만들고 사진 촬영에서 업로드에 이르는 전반적인 과정에 꼼꼼히 적용한다.

여성들의 자기사진이 SNS 공간과 오프라인을 오가며

재화처럼 소비되는 현상은 최근에 생겨나지 않았다. 일찍이 1990년대를 거치며 인터넷 공간이 활성화되면서 여성의 일상적인 모습을 담은 디지털 사진은 'ㅇㅇ녀'의 이름 아래 성적인 눈요깃거리로 공유되곤 했다. 그 전부터 한국사회에서 여성을 시각적으로 상품화하는 핵심 도구로서 사진이 오랫동안 유통된 맥락을 감안하면, 자기사진이 마주하는 위험은 여성 상품화의 연장선에서 해석할 수 있다. 촬영자 여성은 자기사진을 통해 스스로의 기억과 정체성을 구성할 수도 있지만, 동시에 외부의 시선을 의식하고 자기사진을 좁은 안전지대로서 더욱 견고하게 구축해내야 한다.

때로는 촬영자 여성들이 안전하다고 인식한 사진들마저 시간이 흐르면서 불안감을 자아내기도 한다. 20대 후반의 이현지는 사귀다 헤어진 연인의 사진을 모두 지워버린다고 나에게 말했다. 그런데 이현지와 친구들의 인터뷰를 진행하던 중 예기치 않은 해프닝이 발생했다. 나에게 보여줄 사진을 찾기 위해 클라우드 앨범을 탐색하던 이현지가 뜻밖의 사진을 발견한 것이다.

이현지   [클라우드 앨범이 있는] 드라이브를 찾았는데요, 못 보여드릴 것 같아요.

나   어, 정말요? 왜요?

이현지 노출이 너무 많아요.

서혜린 볼래, 볼래, 볼래. 뭐야?

　　　　니가 완전 네이키드^{naked}한 거야?

이현지 그 정도야.

서혜린 야, 지워. 너 큰일난다. 클라우드 해킹당하면 어떡해.

이현지 깜짝 놀랐어. …… 뒷머리 남자친구가 깎아줬거든요.
　　　　근데 옷에 머리카락이 묻으니까 그냥 탈의하고 깎은
　　　　적이 있어가지고.

이현지는 최근에 정리한 적 없는 포토 드라이브에서 옛
연인과 찍었던 사진, 그것도 "완전 네이키드한" 자신의 사진을
발견하고 적잖이 놀랐다. 함께 있던 친구들이 "큰일난다"며 왜
그런 사진을 찍었느냐고 힐난 섞인 질문을 던지자 이현지는
다음과 같이 항변했다. "몸이 나오고 이런" 사진들을 전
남자친구의 스마트폰에 남겨두진 않았다는 것이다. 이현지는
자신의 노출된 몸을 찍은 사진들이 유출될지도 모른다는
"공포가 있었기 때문에" 자신의 기기 외부로는 나가지 않도록
관리해왔다. 그러나 스마트폰 갤러리와 연결된 클라우드
앨범에는 미처 지우지 못한 사진들이 남아 있었으며, 일부가
자신의 맨몸을 담고 있다는 사실은 이현지에게 당황스럽게
다가왔다. 이현지의 당황스러워하는 반응과 친구들의 경고는

맞닿는 데가 있다. 이들은 몸을 노출한 채로 촬영한 사진이
외부로 나갈 가능성을 두렵게 인지하고 있다. 서혜린은
자신의 벗은 몸이 나온 사진을 "공포"와 더욱 구체적으로 연결
지었다.

> 여성의 몸은 재화잖아요. 재화예요. 그걸 은연중에 알고 있기
> 때문에 그 공포에 대해서 훨씬 더 잘 인식하게 되는? 내가
> 원하지 않았는데 나의 신체 일부분이 가공된 방식으로 팔릴
> 수도 있다, 라는 것을 우리가 은연중에 다 알고 있잖아요.
> 그리고 그것이 나에게 어떤 불명예와, 모욕감과, 수치심을 줄
> 것이라는 사실이 명백하기 때문에, 그것을 내가 알고 있기
> 때문에 [공포가] 기인하는 느낌?

사진의 공포는 일상적인 경험에서 온다. 서혜린은 직접 찍은
사진이더라도 이후 누군가가 그것을 제멋대로 가공하고
외부에 공유한다거나, 또는 타인이 허락을 구하지 않고
자신의 얼굴과 벗은 몸을 촬영한다든지 하는 구체적인
상황을 언급했다. 나의 맨몸이 담긴 사진은 언젠가 나에게
"어떤 불명예와, 모욕감과, 수치심을 줄 것"이라는 명백한
사실을 서혜린은 알고 있다. 촬영자 여성들은 이러한 사진을
빌미로 남자친구나 또 다른 남성에게 협박당하는 경험을

주변에서도 적잖게 접한다. 심지어 이현지와 같이 본인이 직접 촬영한 경우에도, 그것이 자신의 기기 외부로 흘러나갈 수 있다는 상상은 무섭게 다가왔다. 이러한 경험들은 '나'의 사진이 추후 위험으로 돌아올 수 있다는 감각을 만들어낸다.

촬영자 여성들이 직접 겪은 불쾌한 경험이 모두 "리벤지 포르노"처럼 특정한 이름으로 규정되지는 않는다. 앞서 살펴보았듯이 그러한 경험들은 '비범죄'의 영역에서 이따금씩 벌어지는 사소한 사건으로 치부될 때가 많다. 물리적인 폭력을 동반하거나 범죄로 '입증 가능한' 종류가 아닐 경우에는 특히 그렇다. 나와 인터뷰한 여성들 가운데서도 사진과 관련된 폭력적인 경험들을 분명한 실체가 있는 위협이나 폭력으로 인식하는 대신, 알 수 없는 긴장을 불러오는 불쾌한 경험 정도로 털어놓는 이들이 많았다. 이처럼 '왠지 모르게 불쾌한 경험'은 마땅한 이름을 붙이고 지목하기 어렵기 때문에 이들의 일상적인 사진은 외부의 폭력적인 시선과 더욱 무방비하게 마주칠 수밖에 없다.

현실에서 사진을 둘러싼 '사소한 위험'은 도처에 존재한다. 특히 온라인 공간에서 자기사진의 노출은 피할 수 없게 되었다. 대학교에 입학하기 전에 선배들의 카톡방에서 프로필 사진을 '공유당한' 김소혜의 경우처럼, 개인적인 사진이 스마트폰에서 캡처되어 모르는 타인의 손으로 들어가는 일은 흔하다. 관심 있는 사람의 이름과 신상정보를 구글링하여 사진을 얻는 이들도 많다. 나와 인터뷰한 여성들 중 대학에 다니는 이들은 이 점을 더욱 강하게 느끼고 있었다. 카카오톡과 같은 메신저 앱에서 신입생의 프로필 사진을 캡처하여 공유하는 일이 "비일비재"하다는 것이다. 심지어는 이러한 사진을 타인이 멋대로 가공하여 성희롱하는 사건도 드물지 않다.

인스타그램에서는 이러한 일이 더욱 빈번하다. 인스타그램은 다양한 성별과 연령의 사용자를 국제적인 범위에서 폭넓게 끌어들이며, 그 파급력은 2000년대 한국에서 대중적으로 인기를 끌던 싸이월드를 압도적으로 뛰어넘는다. 특히 젊은 여성들 가운데는 자기사진을 업로드하며 인스타그램에서 활발히 활동하는 경우가 많다. 그런데 인스타그램은 익명의 누군가가 여성들의 자기사진을 빠르게 훑어보고 골라내어 소장할 수 있는 공간이기도 하다. 이곳에서 여성들의 자기사진은 더욱 넓은 범위의 사람들에게 가닿을 수 있고 때로는 위험한 방식으로 노출된다. 이 때문에 촬영자 여성들은 계정의 비공개 설정, 특정 계정의 접근 차단 등 개인적인 전략을 구사해야 하는 상황에 놓인다.

그런 이유로 20대 중반인 김혜연은 인스타그램에서 다른 계정을 많이 팔로우하지 않는다. "이상한 메시지"가 종종 오기 때문에 팔로우 숫자를 일부러 관리하는 것이다. 그는 낯선 남성에게서 "친하게 지내고 싶다"든가 심지어는 "밤일하는 사람"을 구한다는 불쾌한 DM(다이렉트 메시지)을 심심찮게 받아왔다. 비슷한 상황을 겪을 때마다 짜증나고 거부감이 들지만 상대방의 계정을 차단하는 것 말고는 대처할 도리가 없다.

김소혜 또한 비슷한 경험이 있다. 그는 인스타그램에서 일방적으로 "친해지고 싶다"는 DM을 받는 것은 물론, 팔로우 요청에 응답하지 않으면 왜 받아주지 않느냐는 끈질긴 압박에 시달리기도 했다. 이런 불쾌한 요청은 단순히 무시하는 것만으로는 피하기 어렵다. 하나의 계정을 차단하더라도 비슷한 요청을 보내는 익명의 남성이 또 다시 등장하기 때문이다. 이러한 일방적인 요청은 인스타그램 내부의 구조에 의해 더욱 활성화되는 측면이 있다. 인스타그램은 사용자가 끊임없이 다른 사용자의 계정을 팔로우하도록 추천 알고리즘을 제공한다. 사용자는 자신이 새롭게 팔로우한 계정의 팔로워 목록을 볼 수 있으며, 그중에 관심 가는 이를 친구로 추가하기도 한다. 비공개 계정이라도 '프사(프로필 사진)'는 모두에게 공개되고 계정을 "건너 건너 타고 오는" 이들을 피할 방법은 없다. 따라서 공개 계정이든 비공개 계정이든 공포감은 똑같을 수밖에 없다.

자기사진을 빈번히 업로드하는 여성들일수록 본인의
사진에 따라붙는 불쾌한 시선을 더욱 기민하게 감지한다.
촬영자 여성들은 노출하고 싶지 않은 정보를 프레임 안에서
사전에 제거해나간다. 편집되는 것은 숨기고 싶은 외모의
결점들만이 아니다. 그들은 자기사진을 공들여 촬영하는
동시에 사진 속에 자신의 개인정보가 들어가지 않도록
조정한다. SNS 공간에 업로드한 자기사진이 접하게 될
시선들을 모두 통제할 수 없으며, 사진 속의 개인정보가
본인에게 모종의 위협으로 되돌아올 수 있음을 알기
때문이다. 아무리 "시시콜콜한 것들이고 내 친구들이면 다
아는" 것이라도 SNS에 올리는 사진에서는 숨겨진다. 이처럼
촬영자 여성들은 사진 속의 위험 요소를 제거하고 그것이
뻗어나갈 관계(팔로워)를 조정함으로써, 외부에 공개할
자기사진이 안전한 영역에서 머물게끔 시도한다.

　　그러나 실제로 자기사진이 맞닥뜨릴 수 있는 위험의
가능성은 사진 내부와 외부, 그리고 온라인과 오프라인을
가리지 않고 존재하므로 개인적인 전략들은 그다지
효과적이지 못하다. 게다가 자기사진이 보여주는 '자연스러운
예쁨'은 단순히 보기 좋은 외모뿐 아니라 여성에게 요구되는
몸가짐과 '꾸밈 노동'을 동반한다. 여기서 벗어나는 요소들은
노골적인 비난을 받을 수도 있다. 속옷을 입지 않은 채로

촬영한 모 여성 연예인의 자기사진이 인스타그램에서 온갖 성희롱과 비난을 받은 사례는 이를 분명히 보여준다. 따라서 촬영자 여성들은 자기사진을 통해 '나'의 모습을 기록하거나 때로 적극적으로 보여주고자 하지만, 이는 어디까지나 자기사진이 '안전'한 곳에 있어야 가능하다. 이처럼 안전과 위험의 가능성은 자기사진으로 하여금 이중적인 성격을 띠게끔 만든다.

'정상적'으로 '유통'되는 자기사진

2020년의 어느 날, ○○대학교의 익명게시판에 올라온 글 하나가 캠퍼스에 파문을 일으켰다. 여학생들을 성희롱하는 남학생 카톡방을 제보하는 글로, 대화 내용을 캡처한 이미지도 몇 장 포함하고 있었다. 게시물 작성자에 의해 이름이 가려진 남학생들은 같은 과 여학생들에 대한 몸매 평가를 늘어놓았다. 한 명이 나서서 실제로 그 몸을 만져봤다고 주장하며 감상을 늘어놓자 감탄하는 반응이 뒤따랐다. 카톡방 안에서 오가는 말들은 여성의 신체 부위를 저급하게 이르는 비속어가 대다수였다. 해당 게시물에는 빠르게 댓글이 달리기 시작했다. 이러한 상황이 지금에야 알려졌음에 분노하며 또 다른 목격담을 털어놓는 사람이 있는가 하면 도리어 제보자를 비난하는 댓글도 보였다.

그 후에 올라온 제보 글은 또 다른 문제를 공론화했다. 작성자는 같은 학교 남학생 △△△의 인스타그램을 지목하며 그의 계정이 여성 학우들의 계정을 지나치게 많이 팔로우하고 있다고 비판했다. 문제가 된 것은 △△△가 일면식도 없는 같은 대학교의 여학생들과 그 팔로워들까지 친구로 추가했기 때문이었다. 이렇게 팔로우한 계정은 무려 3000여 개에 달했다. 문제의 계정이 "#비키니", "#간호사코스프레", "#섹시스타그램", "#몸매" 등의 해시태그와 함께 "#간호학과", "#무용과", 그리고 본인이 재학 중인 대학교 이름을 함께 팔로우하고 있다는 사실이 알려지자 사람들은 더욱 분노에 찼다. 댓글들은 △△△가 팔로우한 해시태그 가운데 하나를 따서 그에게 "브라렛■ 빌런"이라는 별명을 붙였다. 다음은 당시 사건에 대한 익명게시판의 반응을 갈무리한 것이다.

익명   완전 브라렛 빌런이네ㅋㅋㅋ 해시태그 뭔데
        경찰 간호사 여고생;;; 지 성욕 푸는 계정 꼬라지 봐
        수준 나온다
익명   헬스장녀 필라테스녀 진짜 뭐냐 이래놓고 ○○대
        여학우들 다 팔로우한 거?

■ 브래지어와 비슷한 여성 속옷의 한 종류.

익명 저는 계정 비공개 해놨는데도 무시하고

계속 팔로우해달라고 해서 이 사람 차단했어요

└익명 헐 나돈데 생전 본 적도 없는 남자가 왜 계속

팔로 신청하는지 궁금했었는데...

익명 내 스토리 맨날천날 처봤던 걔네.. 아 기분 나빠

└익명 얘 연결된 계정 타고 ○○대 여자들 다 팔로한 거지

지금?

└익명 ○○ 우리 학교 말고도 여학우들 친구 가족도

맘에 들면 걍 팔로잉한 거

문제의 남학생에게 '팔로우당한' 여학생들은 공분했다.
댓글에는 비공개 계정인데도 그가 계속 팔로우 신청을 해서
차단했다거나 그가 매번 자신의 스토리■를 주시했다는
경험담이 잇따랐다. 여학생들은 △△△가 자신의 사진들을
"성욕풀이"로 찾아보았다고 지적하는 한편, 그가 교내 다른
여성 학우들 역시 관음증적인 시선으로 바라보지 않았겠냐며
분노했다. △△△가 팔로우한 계정 목록에 있는 여성들은
대부분 그와 일면식이 없는데도 상당히 집요하게 팔로우
요청을 받았기 때문이다. 게다가 △△△는 "#오프숄더"나
"#원피스"와 같은 여학생들의 일상적인 옷차림은 물론

■ 인스타그램에서 24시간 동안만 노출되도록
하는 게시 기능. 계정 주인은 자신의 스토리를
확인한 계정의 명단을 확인할 수 있다.

"#요가녀"와 "#필라테스녀" 따위의 해시태그를 함께
팔로우했으므로 그런 인상을 주기 충분했다.

비난이 잦아들지 않자 계정 주인인 △△△가
익명게시판에 본인임을 밝히며 사과문을 게재했다. 그러나
'외설적인 해시태그를 팔로우했지만 여성 학우들을 향한
성적 대상화를 의도하지 않았으며 더더욱 성폭력, 성매매
같은 무도한 짓은 결코 하지 않았다'는 그의 해명은 비난을
잠재우지 못했다. 시간이 흐른 후에도 △△△의 계정이 팔로우
목록을 그대로 유지하자 익명게시판에는 문제의 계정을
삭제하라고 주장하는 댓글과 게시물이 잇따랐고, △△△에게
해명을 요구하는 댓글과 △△△를 옹호하는 댓글이 갈수록
거세게 충돌하기 시작했다.

익명   이게 왜 사과감이죠? 이해 안 됨.. 익명 뒤에 숨은
       괴물들이 마녀사냥한 거나 다름없다고 봅니다.

익명   피해자분 마녀사냥에 동참한 사람들 꼭 고소하세요.
       이번 사건은 도저히 넘어갈 수가 없네요.

익명   ??? 니들이 왜 대리용서하는데..?

익명   여자들의 불안과 의심만으로 실명 공개하고 공격하는
       이 상황을 이해할 수 없네요. 감정이라는 상대적인
       느낌과 생각만으로 일을 부풀리는 건 잘못되었다는

것을 다들 아셔야 한다고 봅니다. 해당 학우가 우리

학교 여학생들에게 직접적인 피해를 준 것도 아니지

않습니까.

└익명 저도 팔로당한 사람인데요 진짜 찝찝하고 기분

나쁘거든요 정신적 피해는 피해가 아닌가요?

└익명 동감 왜들 그렇게 피해 없다고만 하시나요ㅠ

익명 △△△ 학우 선배입니다. 완벽한 사람은 세상에

없습니다. 잘못을 깨닫고 반성하는 △△△를 응원하고

싶어 이렇게 글을 씁니다. 앞으로 실수를 안 하면 되고

지금 △△△도 부끄러워하고 괴로움에 혼자 끙끙대고

있을 거라 생각됩니다. 서로 공격하지 말고 둥글게

나가야 한다고 생각합니다. 누구나 실수는 하니까요.

└익명 외설적이고 성희롱적인 해시태그 온갖 거 다 걸어놓고

여성 학우 삼천여 명을 팔로한 게 '실수'라고요?

△△△의 사과문은 여럿 올라온 게시물과 댓글에 묻혀 뒤로

밀려난 지 오래였다. 그중에는 △△△의 인스타그램 계정을

익명게시판에 공개한 사람을 고소하라거나 △△△의 '실수'를

너그럽게 용서해주자는 제안도 있었다. 반면 여학생들의

공분은 가라앉지 않았다. 적잖은 댓글들은 "온갖 야하고

외설적인 해시태그"를 걸어두고 여학생들의 계정을 염탐하며

그들의 "동생, 언니, 친구"까지 팔로우한 △△△의 행태를 "사이버 삼천궁녀"라며 비꼬았다. 여학생들은 △△△의 행동이 단순한 실수가 아니라고 주장했다. 그가 의도적으로 여성 학우들의 사진을 성적으로 소비해왔다는 것이다. 결국 빗발치는 비난에 떠밀린 △△△는 계정을 삭제하며 두 번째 사과문을 올렸다. 그는 "예쁜 여성분들을 보는 것이 그저 좋았다"고 변명했으나 여학생들의 '찝찝함'은 가시지 않았다.

흥미롭게도 △△△가 다른 계정에 접근한 방식은 기술적으로 다분히 '정상적'이다. 그는 인스타그램의 주어진 기능을 충실히 이용하여 해시태그를 검색하고, 다른 계정을 열람하며, 비공개 계정에는 부지런히 팔로우 요청을 보냈다. 그러나 어떤 '불법적인' 방법도 없이 인스타그램이 제공하는 기능을 이토록 꼼꼼히 활용한 △△△의 행동은 여학생들의 공분을 샀다. 만약 누군가의 댓글처럼 인스타그램이 '애초에 자기 것 보라고 게시물 올리고 공유하고 팔로워 늘리는' 공간이라면, 이들은 △△△의 접근에 왜 이렇게까지 '찝찝함'과 분노를 느꼈던 것일까?

댓글들 중에서는 여학생들의 찝찝하고 불쾌한 감정은 "상대적인 느낌과 생각"일 뿐이므로 "직접적인 피해"가 아니라는 주장도 있었다. 그러나 여학생들의 토로는 이를 정면으로 반박하고 있었다. 한 여학생은 아는 사이도 아닌 △△△의 집요한 팔로우 요청이 다분히 위협적으로 다가오며 이는 "정신적 피해"로 이어질 수 있다고 지적했다. ○○대학교 재학생인 강미나 역시 △△△의 팔로우 요청을 받은 이들 중 하나였다. 그는 다른 대학교에 다니는 자신의 친구들까지 △△△에게서 팔로우 요청을 받았다며 분노했다. 연예인에게 '팬심'으로 팔로우를 요청하는 것과, "비아그라 이런 거 [팔로우]한 애가 내 계정을 팔로잉하는 거"는 완전히 다르다고도 말했다. 이어 그는 △△△와 같이 여성들의 자기사진을 수집하는 행동이 "쇼핑몰에서 이쁜 물건 장바구니 골라 담는" 것과 다를 바가 무엇이냐고 반문했다. 촬영자 여성들이 자기사진을 계정에 올려 자기표현을 하는 것과, 익명의 남성이 그것을 구실로 여성들의 자기사진을 물건처럼 수집하거나 상대방과 억지로 (팔로우) 관계를 맺고자 하는 것은 완전히 별개의 문제라는 것이다. 두 가지를 원인과 결과로 오해하는 사람들이 많지만 강미나는 '내가 자기표현을 한다고 해서 누군가가 위협적으로 나오면 말이 안 된다'고 잘라 말했다. 황은하 역시 남자들의 경우는 자기사진을 즐겨 올려도 "별로 위협받지 않"는다고 지적했다.

강미나는 인스타그램을 즐겨 이용하는 편이지만 일방적인 관계 요청을 받은 경험이 무섭게 다가온 적이 많다고 털어놓았다. 이 같은 토로는 자기사진이 어떠한 종류의 위험에 직면하는지 보여준다. 자기사진을 타인이 볼 수 있는 공간에 업로드하는 여성들은 본인의 사진을 성적으로 대상화하는 시선을 민감하게 감지한다. '브라렛 빌런' 사례에서도 여학생들은 '#○○녀' 해시태그와 나란히 자신들의 계정을 팔로우하고 사진을 수집하는 남학생에게 강하게 반발했다. △△△와 같은 남성들의 일방적인 팔로우 요청이 거듭될수록 여성들은 자신의 사진이 관음증적인 엿탐의 대상이 되고 있다고 확신한다. 자기사진을 향하는 여러 시선을 낱낱이 가려내기는 어렵지만, 여성들은 '내 것'인 사진이 타인에 의해 이름 붙여지고 수집되는 방식을 통해 외부의 시선들을 분명히 느낀다. 또한 자기사진을 공개된 곳에 올리더라도 그것은 남성들의 성적인 '눈요깃거리'와 명확히 구분되어야 한다고 주장한다.

　여성들의 자기사진이 익명의 남성에 의해 수집된다는 사실은, 원소유주인 여성의 의사와 무관하게 자기사진 속 몸과 얼굴의 이미지가 낯선 남성에 의해 얼마든지 소유될 수 있음을 의미한다. 베냐민은 사진의 복제가 이미지를 소유하고자 하는 대중의 욕망을 실현하고 재생산한다는 점을 일찍이 지적했다.[4] 게다가 최근의 디지털 사진은 스마트폰을 통해 매우 수월하게 캡처할 수 있으므로 새로운 소유주가 생생한 이미지를 자기 것으로 만드는 행위는 더욱 자유로워질 수밖에 없다.

그런데 '브라렛 빌런'과 같은 남성들이 여성들의 자기사진을 소유하고 주시하는 행위를 비단 '대중의 욕망'으로만 뭉뚱그리기는 어렵다. 이는 상품화된 피사체(여성)와 성별화된 소유주(남성)의 위계적 관계를 내포한 적극적 소유 행위에 가깝다. '브라렛 빌런'은 실제로 자기사진 속의 여성들을 '소유'할 수 없으나, 사진을 통해 이들을 '자기 것'으로 만들어 갤러리에 수집한다. 이 경우 여성들의 일상적인 모습마저 성적으로 대상화하는 것은 촬영자 여성이 수행하는 자기사진 촬영이 아닌, '브라렛 빌런'이 즐기는 스마트폰에서의 캡처와 복제 행위다.

여기서 자기사진의 원소유주(여성)가 느끼는 불안감은 피사체를 상품화하고 소유할 수 있게끔 만드는 사진의 '힘'[5]을 인지한 데서 비롯된다.[6] '브라렛 빌런'의 욕망은 디지털 이미지가 지니는 용이한 복제 가능성에 힘입어 구현된다. '브라렛 빌런'의 관점에서 자기사진 속 여성은 동등한 인격적 주체라기보다는 이미지를 따올 수 있는 성적인 채집 대상일 뿐이다. 그는 스마트폰 화면으로 여러 여성들의 사진을 관찰하고 마음껏 선택한다. 반면 여성들은 개인 계정에 업로드한 자기사진이 누군가에 의해 '진열장'에 놓일 수 있다는 사실만을 알 뿐, 그 상대방이 누구인지는 낱낱이 알기 어렵다. 여성들은 자신의 일상적인 사진이 무분별하게 복제되어 알지 못하는 곳까지 흘러가는 것에 거부감을 느낀다. 자기사진은 촬영에서 전시에 이르는 전반적인 과정을 통해 각별한 개인적 의미를 띠게 된 이미지이기에, 위기감은 더욱 증폭할 수밖에 없다.

○○대학교의 익명게시판에서 전개된 일명 '브라렛 빌런 사건'은 그러한 경험과 주장들이 표출되는 계기가 되었다. '피해는 없지 않느냐'는 질문에는 여학생들의 불쾌감이 "직접적인 피해"의 근거로 제시되었다. 여학생들의 토로는 자기사진이 마주하는 폭력적인 시선을 겨냥한다. 남성들에 의해 '장바구니에 담을 수 있는 물건'처럼 취급된다는 것이다. 이에 대해 촬영자 여성들은 자기사진이 익명의 타인에게 수집되는 행위는 물론, 그것을 일방적인 눈요깃거리로 바라보는 방식 자체를 비판하면서 사진에 담긴 자신들의 인격을 상기시킨다.

한편 '브라렛 빌런 사건'은 다음과 같은 의문을 남긴다. 이러한 위험을 의식하면서도 촬영자 여성들은 왜 자기사진을 생산하고 공유하는가? 이 질문은 세심하게 제기해야 하는데, 자칫하면 촬영자 여성들이 마주하는 불쾌한 경험들의 책임을 피해자 본인에게 전가하는 서술로 흘러갈 위험이 있기 때문이다. 자기사진이 맞닥뜨리는 위험은 그것이 공유되었다는 사실에 관계없이 분명히 부당하다. 다만 촬영자 여성들이 그러한 압박을 무엇으로, 또는 어떠한 경로를 거쳐 인식하며 그 반응을 어떻게 다음 촬영에 반영하는지에 주목할 필요가 있다.

누군가는 이러한 위험을 피하기 위해 여성들이 사진을 올리지 않으면 되지 않느냐고 반문할 수 있다. 그러나 문제는 그렇게 간단하지 않다. 자기사진은 단순히 '안전과 위험'의 구도 내에만 위치하지 않기 때문이다. 분명히 짚어두자면 불안감이 자기사진의 의미를 완전히 지배하지만은 않으며, 자기사진을 둘러싼 위험의 가능성은 사람에 따라 다르게 인식될 수 있다. 다만 나는 이 '위험'이라는 지점을 확대경으로 자세히 보여주고자 했다. 즉 자기사진이 직면하는 위협 또는 위험의 가능성을 지목하고 증명하기 어려운 '사소한 피해'이자 실질적인 피해의 경험을 가시화하고자 했다. 그렇게 볼 때 나르시시즘으로 손쉽게 치환되는 자기사진의 촬영 욕구에 복잡한 모순점과 동기, 그리고 고민들이 얽혀 있다는 사실이 드러난다. 따라서 질문은 다음으로 향한다. 촬영자 여성들은 무엇 때문에, 그리고 어떻게 안전과 위험을 오가며 자기사진을 생산하는가?

위 질문에 대한 답변은 자기사진이 개인 바깥의 어떠한 사회적 지점들과 연결되는지를 짚어보는 데서 출발한다.

이것은 자기사진을 둘러싼 위험에 대처하는 방법으로
촬영자 여성들이 왜 단순히 촬영하지 않기, 또는 업로드하지
않기를 선택할 수 없는지 밝히는 작업이기도 하다. 나는
불안감을 해소할 명쾌한 방법을 제시하기보다, 자기사진을
둘러싼 공포와 불안이 여전히 잔존함에도 촬영자 여성들이
자기사진을 자발적으로 공유하고 전시하는 이유를
탐색하고자 한다.

5장

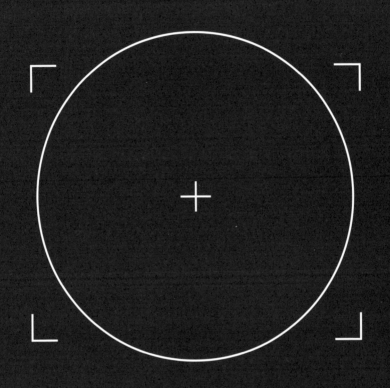

그럼에도
'나'를 찍는 이유

스마트폰 카메라와 SNS 플랫폼은 서로의 인기를 북돋우는 상호적인 촉매로, 그리고 디지털 사진의 촬영과 업로드를 가능하게 하는 결합된 도구로 작동한다. 인스타그램에서는 개인의 일상을 촬영한 사진들이 매일 무수히 쏟아지며, 특히 젊은 여성들은 이러한 흐름에 가장 활발히 참여하고 있다. 이들은 '자연스러운 예쁨'을 내면화하고 재생산하는 동시에 스마트폰과 디지털 사진이라는 기술을 적극적으로 활용하는 자기재현의 주체이다. 촬영자 여성들은 '튀지 않는' 범위에서 자신을 촬영하며 자기사진을 나만의 안전지대로 구축하고자 시도하고 그러한 사진을 내세워 온라인 공간에 진입하고 있다.

물론 젊은 여성들이 SNS에 업로드하는 사진이 모두 자기사진은 아니다. 인스타그램이 '먹스타그램'이나

'육아스타그램'을 비롯해 다종다양한 성격의 게시물이
올라오는 공간임을 감안하면 더욱 그렇다. 또한 촬영자
여성들은 자기사진의 일부분만을 SNS에 업로드한다는 점을
고려해야 한다. 자기사진의 대부분은 외부에 노출하지 않는
자신만의 앨범에 보관되며, 사진들 가운데 아주 일부만이
SNS에 올라온다. 그럼에도 SNS 공간에서의 자기사진 전시는
20·30대 여성들이 스스로를 촬영하는 방식에 전반적인
영향을 끼친다. 촬영자 여성들은 많은 경우 SNS 활동을
염두에 두고 자기사진을 찍는 과정을 점검하거나 재차
조정하기 때문이다. 특히 잘 나온 사진, 일명 '인생샷'은
이어지는 황은하의 말처럼 SNS와 긴밀한 관계를 맺은 채
"다른 사람한테 보여지는 것"으로 만들어진다.

> 인생샷은 무조건 SNS랑 연결될 수밖에 없어요. 이거는
> 공식이에요. 인생샷은 SNS를 위해서 존재하고 SNS는
> 인생샷을 위해서 존재하는 그런 게 있어요. 인생샷이라는
> 게 결국에는 내 사진을 건지는 거지만 나 혼자만의 만족을
> 위한 건 아니고, 다른 사람한테 보여지는 것. 카카오톡이나
> 페이스북, 인스타그램 프로필 사진으로라도 지정하고. 거기에
> 의미가 있어요. 그런 걸 염두에 두고 사진을 찍어요. 20대
> 사이에서는 무조건 인스타그램.

내가 인터뷰한 여성들 대부분은 자기사진을 SNS, 특히 인스타그램에 게시하고 있었다. 취향이나 게시 빈도는 저마다 달랐지만 인스타그램이라는 특정한 '소통 공간'을 활용하는 방식은 유사하게 나타났다. 나는 자기사진을 찍어 인스타그램에 공유하는 촬영자 여성들, 그 가운데서도 20·30대 여성들의 활동에 초점을 두었다.

　젊은 여성들의 다양한 활용 방식에도 불구하고 인스타그램은 플랫폼 안팎에서 '나르시시스트 여자들의 자기전시 공간'으로 비춰지기 일쑤였다. 이러한 시각은 여성들의 자기사진 전시를 개인적인 감정이나 과시적 욕망에 기인한 행동으로 취급한다. 게다가 자기사진은 온전히 여성의 의지로 생성되며 공유될 뿐인 대상이고 사진이 오가는 플랫폼은 누구에게나 공평하며 중립적인 공간이라는 오해를 야기한다. 그러나 여성들의 자기사진 문화는 오롯이 촬영자 여성에 의해서만 만들어지지는 않는다. 앞서 살펴본 여러 요소들, 즉 스마트폰과 SNS 공간, 자기사진, 그리고 '브라렛 빌런'을 비롯한 행위자들이 동시다발적으로 개입하고 상호작용하기 때문이다. 여성의 개인적인 의지에만 천착하여 자기사진을 설명하는 관점은 이들 간의 복잡한 상호작용을 놓치고 있다.

　나는 자기사진 전시를 단발적인 연출로 규정하기보다는,

자기사진이 촬영자 여성들의 일상에서 만들어내는 구체적인
장면들을 인터뷰를 통해 그려내고자 했다. 최근의 자기사진
문화는 다양한 요소들이 일시정지한 채 촬영자 여성이 홀로
움직이며 스스로를 연출하는 1인극 무대와는 분명 다르다.
그렇다면 SNS 공간에서 자기사진 전시는 구체적으로 어떠한
환경에서 이루어지며, 어떠한 현상을 다시 만들어내는가?
그런 배경 속에서 촬영자 여성으로 하여금 자기사진을
전시하고 다른 이들의 계정을 살펴보게 하는 동인은
무엇인가?

인스타그램, 소통과 자기표현이 결합하는 곳

젊은 여성들은 인스타그램 계정을 만들어 자신의 모습을
담은 사진을 업로드하는 대표적인 주체로 꼽힌다. 이들의
존재에 주목한 시선들은 인스타그램에 어떤 기능이 있는지
살펴보고, 이를 배경으로 이루어지는 여성들의 활동이
어떠한 사회적 의미와 전략적인 성격을 띠는지 분석해왔다.
이 가운데 적지 않은 경우가 인스타그램을 자기표현의
장으로 규정하고 있다는 점에 주목할 필요가 있다.
인스타그램을 비롯한 온라인 가상공간을 유저가 원하는

모습을 의도적으로 연출할 수 있는 인상 관리의 영역으로 보는 것이다.[1] 즉 유저는 SNS에서 관계 맺는 타인의 반응을 중요하게 인식함으로써 스스로를 더 나은 모습으로 재현하고 과시하고자 한다. SNS 공간을 인상 관리의 장으로 보는 관점은 온라인의 인간관계가 오프라인의 영역과 연결되어 있다는 점을 중요하게 언급하거나,[2] 특히 여성 유저들이 외부의 사회적 시선을 감지하여 '잘 연출된 이미지'로 자신의 모습을 검열하고 평판을 관리하는 현상에 주목한다.[3]

인스타그램을 온라인에서의 사회적 자기연출의 장으로 보는 관점에 일부 동의하면서 나는 다음 두 가지를 함께 지적하고자 한다. 먼저, 인스타그램에 업로드하는 자기사진은 세밀한 '검수'를 거치며 이는 기존의 미적 규범을 의식하고 재생산하는 일상적 실천과도 무관하지 않지만[4] 그럼에도 인스타그램이 또 다른 의미에서 해방의 공간으로 작용했음은 분명해 보인다. 다른 곳에 공개하기에는 다소 멋쩍고 부끄러운, "빡세게 꾸민"(김보라) 나의 사진을 마음 놓고 올릴 수 있는 공간이 존재한다는 것은 얼마나 즐거운 일인가? 인스타그램은 자기과시가 의례화된 곳, 또는 "원래 그런 거 올리는 곳"으로 여겨지며 "너무너무 재밌는 놀이"(정은아)의 공간으로 자리매김했다. 이는 2000년대를 거치며 일어났던 싸이월드의 선풍적인 인기, 그리고 1990년대의 '연예인 신드롬'

속에서 자기만의 브로마이드를 찍었던 일부 고등학생들의 실천과도 맞닿아 있다. 2010년 이후 스마트폰, 디지털 사진과 SNS의 결합은 '카메라 대중화 시대'에 들어서도 한동안 배제되었던 젊은 여성들에게 즐거움과 해방감을 가져다준 것이다.

둘째로, 인스타그램에서 자기표현이 차지하는 의미의 비중을 재조정할 필요가 있다. 인스타그램은 자타공인 '자유로운 표현의 공간'으로 여겨지지만 사실 연출이 이루어지는 무대는 그리 안정적이지 않다. 개인이 통제할 수 없는 영역이 분명히 존재하기 때문이다. 그러한 영역은 자기연출의 전략으로 통제 가능한 영역 못지않게 크며, 타인의 시선은 때로 예상이 불가능할 정도로 확장되기도 한다. 나의 사진은 타인의 사진들 속에 섞여 다수의 시선을 받고, 나 역시 그러한 시선을 보내는 사람들 중 하나가 된다.

인스타그램의 교류에서는 시선의 연결점과 방향이 갈수록 복잡하게 얽힌다. 나와 타인은 서로의 사진에 시선을 보낸다. '사회적 연출 무대'의 경우 무대 뒤와 앞이 분리되어 있기에 연출자('나')는 어느 정도 예상 가능한 범위에서 타인의 반응과 상호작용할 수 있다.[5] 반면 인스타그램에서는 나와 지인, 익명의 누군가의 시선들이 같은 무대 위에서 복잡하게 얽혀 있으며 변칙적인 '반응'이 지속적으로 돌출한다. 인스타그램은 자기표현의 공간인 동시에, '사회적 앞무대'를 잘 파악하고 연출하는 것만으로는 관리하기 어려운 예측 불가능한 공간이기도 한 것이다. 여기서 활동하는 주체는 인상 관리에 힘쓰는 개인만이 아니다. 자신과 타인의 이미지를 동시에 열람하는 공중, 그리고 그 속에서 시선들에 대처하는 개인이 함께 목격된다.

마지막으로 짚고 넘어갈 것은, '자기표현의 장'으로서 인스타그램을 다룬 연구들이 '소통'과 '자기전시'의 관계를 다소 모호하게 뭉뚱그리고 있다는 점이다. 무대의 앞뒤 구분을 전제로 이루어지는 '적절한 연출'과 '반응'의 연쇄로는 인스타그램에서의 '소통'과 '자기표현'이라는 두 층위가 어떻게 연결되는지 충분하게 규명하지 못한다. 반면 나와 인터뷰한 여성들은 인스타그램에서의 '소통'과 '자기전시'를 분명하게 구분하는 경우가 많았다. 이들은 외양을 과시하는 '자기전시'와, 주변과 우호적인 관계를 유지하는 '소통'이 한데 섞여 이루어지므로 인스타그램이 다소 양가적인 성격을 띠고 있다고 표현한다. 인스타그램은 자기사진을 통한 '자랑'이 일상적으로 이루어지는 공간이지만, 다른 형태의 SNS로는 어려운 광범위한 '소통'이 가능한 장이기도 하다는 얘기다.

물론 인스타그램에서 자기전시와 소통이라는 두 행위는 자기사진을 매개로 동시에 행해지므로 구별하기 까다롭다.

자기사진 업로드는 소통과 자기전시가 상호 결합한 행위이다. 인스타그램 속 개인('나')은 스스로를 공중에서 분리할 수 있지만 그렇다고 이들로부터 완전히 단절되기란 불가능하다. 개인의 존재는 자기사진이라는 특정한 얼굴을 내세워 '나'를 공중에 노출함으로써 비로소 도드라질 수 있다. 동시에 개인은 자기사진을 업로드함으로써 타인들이 구성하는 자기사진의 행렬에 섞이고, 이미지를 매개로 한 인스타그램식 소통에 참여한다. 그렇다면 인스타그램에서의 자기사진을 둘러싼 소통과 자기연출의 과정을 각각 살피며 이 두 층위가 어떤 지점에서 이어지는지 추적할 필요가 있다.

자기사진으로 소통하기

자기사진이 또래 동성문화의 중요한 매개물로 자리 잡은 것은, 그러한 사진들이 젊은 여성들 간의 친밀한 관계에서 각별한 의미를 지니기에 가능했다. 촬영자 여성들은 자기사진을 재차 '내 사진'이라 강조하면서도 그것이 자신의 사적인 인간관계와 밀착되어 있다고 말한다. 자기사진은 촬영자 여성의 친구 또는 가족과의 추억을 떠올리게 하는 닻이 되어준다는 것이다. 지금은 멀리 떨어져 있지만 같은 추억을 공유하는 이들은 황은하와 친구들처럼 디지털 이미지 형태의 자기사진을 보며 관계를 돈독히 다지곤 한다.

> [혼자 예전 사진을 보며] '그때 재있었는데, 돌아가고 싶어.' 이러면서 보다가, 이 사진을 찍을 때 재밌는 에피소드가 있었을 거란 말이에요. '아, 이건 내 친구들이랑 같이 얘기를 하고 싶다.' 이러면 단톡방에 올리는 거예요. '얘들아 이거 찍었을 때 기억 나냐, 이때 진짜 재있었는데.' 하고. 그러면 다 답변이 와. '진짜 재있었지, 돌아가고 싶다.' '지금 너무 힘들어ㅠㅠ' 그러면서 같이 이야기하게 되고, 서로 근황도 나누고. 그러다가 …… 어디 가서 놀자, 또 사진 찍으러 가자, 이런 식으로 약속도 잡게 되고. 이 사진 안에 제 기억, 추억이 있고, 그런 것들의 연장선이 되어서 친구들과의 친목을 유지할 수 있는 이야기 소재, 연결고리도 되고요. 그게 또 이어져서 새로운 약속을 잡는 계기가 되는 거 같아요. 이 사진에 담겨 있는 개인적인 것들, 그리고 관계를 이어갈 수 있는 것들이 되게 많아요.

촬영자 여성들은 자기사진을 공유함으로써 이후의 또 다른 만남을 꾸리고 공동의 기억을 이끌어낸다. 친구 관계의 여성들을 함께 인터뷰하는 자리에서 자기사진은 황은하의

말마따나 관계의 "연결고리"로서 무궁무진한 대화 소재를
끌어내며 분위기에 생동감을 불어넣기도 했다. 친구들과
사진을 돌려 보는 것은 SNS 서비스가 시작되기 한참 전부터
즐거운 놀이였다. 덜 잘 나온 사진, 일명 B컷이어도 상관없다.
김소혜도 비슷한 경험을 말한다.

> 웃기고 재밌는 것들은 다 기억을 하잖아요. 그것들이
> A컷보다는 B컷에 많은 거 같아요. 좀 흔들리게 나왔다든가,
> 원래 찍으려던 게 아닌데 찍힌 거라든가. …… 애들끼리 있을
> 때 추억팔이를 시작했다 하면 엔드라이브 들어가서, 룸메끼리
> 있을 때도 '옛날에 이랬지.', '나 이랬다.' 하면서 발굴해서
> 돌려 보고. …… 저는 중학교 친구가 고등학교 친구, 고등학교
> 친구가 중학교 친구거든요. 그 친구들이랑 맨날 놀면서
> 찍어가지고, 그때 찍었던 사진들은 싸이월드에 있어요.
> 싸이월드의 마지막 세대였어요. 그거는 이제 없어졌잖아요.
> 사진은 다운받아서 클라우드에 올려놓고. 그게 진짜
> 꿀잼이에요[웃음]. 그게 진짜 핵꿀잼인데. 친구랑 단톡방이
> 있는데 사골처럼 나오는 옛날 사진이 있어요. 친구들끼리,
> 수학여행 갔을 때, 자고 있는 애들.

이처럼 스마트폰으로 촬영한 사진을 함께 보며 과거의 추억을

함께 돌이켜보는 경험은 드물지 않다. 자기사진을 통한 회상은 현재 멀리 떨어져 있지만 사진에 남은 추억을 함께 나눴던 이들에게 동시다발적으로 공유되기도 한다. 디지털 사진은 인터넷 연결망과 단말기를 통해 전송되며 또 다른 만남과 친목을 만들어내고, 또 다른 만남은 다시금 새로운 사진을 만들어낸다. 게다가 디지털 사진은 항상 휴대하는 스마트폰 안에 남겨져 있으므로 촬영자는 자기사진을 언제든 꺼내 관계의 연결고리로 삼을 수 있는 셈이다.

카카오톡과 같은 메신저에서도 자기사진은 꾸준히 관계의 연결고리가 되어왔지만, 열람이 보다 용이한 페이스북이나 인스타그램과 같은 SNS 서비스는 하나하나의 사진이 훨씬 많은 그리고 다채로운 반응을 이끌어낸다는 점에서 특별하다. 황은하나 김소혜의 사례에서 볼 수 있듯이, 메신저에서 사진을 공유할 때는 함께 곁들인 텍스트가 여전히 중요한 역할을 한다. 즉 누군가 사진을 올리면서 공동의 추억을 다시 끄집어내고 그 아래 새로운 약속을 잡는 대화가 길게 이어지곤 한다. 카카오톡의 단체 대화방에서 "추억팔이를 시작했다 하면" "사골처럼 나오는 옛날 사진"은 그러한 대화를 이끌어내는 소재이다. 반면 사진을 나열한 '피드'가 전면에 드러나는 인스타그램에서는 문자가 뒤로 밀려나고 이미지가 소통의 주요 부분을 차지한다.

내가 만난 여성들은 거의 모두 인스타그램 계정을 갖고
있다. 업로드 빈도나 촬영 소재 등은 저마다 달랐지만 촬영자
여성들 대부분이 자기사진을 업로드하길 즐긴다. 이들은
인스타그램이 생기기 이전에는 페이스북을 사용했다.

> 나　인스타에도 페이스북처럼 댓글이랑 '좋아요'가 있지
> 않아요? 기능이 비슷한데 왜 눈치를 덜 볼 수 있는
> 거예요?
>
> 황은하　그래서 저도 그게 좀 요상하다, 그렇게 생각했거든요.
> 근데 사람들이 페이스북보다는 인스타그램에
> 분위기상 눈치 덜 보고 [사진을] 올리더라고요.

황은하는 2010년대 초반에는 주로 페이스북에 자기사진을
올렸지만 시간이 흐르며 인스타그램을 많이 쓰게
되었다. 그는 직접 찍은 사진을 올리는 행위에 관해
페이스북과 인스타그램이 다른 '느낌'을 준다고 이야기하며,
인스타그램의 장점으로 "눈치를 덜 볼 수 있는" 점을
꼽았다. 페이스북에서는 자기사진을 "하루에 두세 개씩
올리고 그러면 다른 사람들이 날 이상하게 볼" 수 있지만
인스타그램에서는 그렇지 않다는 것이다. 즉 인스타그램은
다른 SNS 플랫폼에 비해 자기사진을 적극적으로 올리는

행위가 특별히 허용되는 공간이다. 외부에서는 유난히 열성적으로 보일 만큼 자기사진을 많이 업로드하는 사람도 인스타그램에서는 어느 정도 용인되는 분위기가 강하다. 이처럼 유별난 사람으로 보일까 눈치 볼 걱정 없이 사진을 원하는 만큼 올릴 수 있다는 장점 때문에 인스타그램은 촬영자 여성들에게 사진 업로드의 주 무대가 된다.

배수아도 친구들과 "소통하려고" 인스타그램을 쓰기 시작하였다. 황은하와 마찬가지로 배수아 역시 인스타그램을 "자기 일상 사진"을 많이 올리는 곳으로 여긴다. 그는 인스타그램뿐 아니라 페이스북에도 즐겨 들어가는 편이다. 그러나 페이스북에서는 다른 사람이 올리는 게시물을 훑어보며 심심함을 달래는 정도로 활동하지만, 인스타그램에서는 적극적인 이용자가 된다. 페이스북에서 인스타그램으로 '넘어오거나' 인스타그램을 친구들에게 '영업'하는 여성들은 원활한 '소통'을 인스타그램의 장점으로 꼽는데, 그 소통의 중심에는 단연 자기사진이 있다.

인스타그램을 단순한 자기과시와 상호 비교, 그리고 (스타일) 모방의 장으로만 본다면 촬영자 여성들이 이곳에서 친교를 맺는다는 점이 언뜻 모순적으로 보일 수 있다. 그러나 인스타그램이라는 특수한 공간에서 자기사진 전시와 친밀한 상호 교류는 결코 배타적인 행위가 아니다. 또한

인스타그램에서의 '자랑'을 개인의 허영심에서 비롯되는
유별난 과시로만 보기도 어렵다. 인스타그램에서의 '소통'은
텍스트를 통해 서로의 근황을 묻는 방식이 아니라,
스크롤을 내리며 각자의 사진을 훑어보고 나 역시 사진을
업로드함으로써 참여하는 독특한 형태로 이루어진다. 여기서
'과시적'인 자기사진의 업로드는 특정한 상대방을 겨누고 있지
않다. 유저는 다수의 시선을 잡아채고 '나'의 존재를 알리기
위해 다른 유저와 사진을 교환한다. 자기사진은 주인공의
'괜찮은 삶'을 드러낼 만큼 과시적이지만, 타인과 원만하게
관계를 맺기 위한 교환물의 성격도 지닌다. 김보라의 말처럼
"예쁜 데를 갔다 왔다, 내 사진이 잘 나왔다"는 걸 보여주기
위해 인스타그램에 올리는 "자랑용" 사진 역시 플랫폼을
오가는 무수한 타인들의 시선을 빠르게 잡아끌기 위한
이미지다. 많은 이용자들이 동시다발적이거나 때로는 엇갈린
타이밍에, 그리고 스마트폰을 통해 그때그때 인스타그램에
접속하면서 관계는 매우 순간적으로 생성된다.

> 한서연 [인스타그램에 사진을 올리는 이유는] 그냥 일상? 살아
> 있다는 걸 알리기 위해서? 제 동기 친구들을 일 년에
> 한 번씩 만나는데, 지금은 인스타그램에서 소통하는
> 친구들. 굳이 연락은 안 해요. 톡하고 그런 걸 별로

안 좋아서. 그 친구들은 일 년에 한두 번 연락해도
무관한 친구들이고 …… 굳이 카톡으로 해도 되는
얘길 [인스타그램] 댓글로 달고. 친구들이. 카톡은 계속
대화를 이어나가야 할 거 같은데 [인스타그램] 댓글은
그렇지 않으니까. 댓글은 달아도 그만 아니어도
그만이고.

나   몇 명 정도 그런 관계예요?

한서연   자주 하는 친구는 한 네 명 다섯 명?

한서연 역시 인스타그램을 "일상"을 올리고 친구들과
소통하는 공간으로 보지만 여기서 일상을 나누는 과정은
제대로 된 대화 없이 이어진다. 메신저 앱으로 나누는 대화를
그다지 즐기지 않는 그는 인스타그램을 통해 "살아 있다"고
여러 명에게 동시에 보여주는 것이 훨씬 편하고 간단하다고
느낀다. 이처럼 자기사진을 올리는 것은 익숙한 지인 그룹과
부담 없이 접촉하는 방법이다. 수만 명의 팔로워를 거느린
인플루언서가 아닌 촬영자 여성들의 경우에는 특히 그렇다.
그들은 인스타그램에 자기사진을 올림으로써 느슨하지만
꾸준한 관심으로 유지되는 소통의 장에 참여한다.

인스타그램에 올라온 사진들은 나의 생활에 기반을 두고
있지만 거꾸로 오프라인의 인간관계를 증명하기도 한다.

촬영자 여성들에게 친구들끼리 즉석으로 찍는 단체사진은
서로의 관계를 확인하는 수단이다. 친구들과의 모임에서
누군가 사진을 찍자는 제안을 하면 나머지는 특별히
거절하지 않고 화면 속에 얼굴을 쓱 들이미는 방식으로
참여한다. 이러한 단체사진은 인스타그램에 구성원 모두의
계정을 태그하고 공개된다. 이처럼 인스타그램에서의 소통
그룹은 촬영자 여성의 오프라인 관계에 기대고 있으나,
오프라인에서의 관계는 인스타그램을 통해 다시 외부에
드러나고 증명된다. 그런 이유로 촬영자 여성들은 사진을
찍도록 서로를 독려하며 서로의 자기사진에 반응('좋아요' 또는
댓글 달기)을 보이는 것으로 유대를 확인한다. 자기사진을
촬영하지 않거나 설령 '달아도 그만 안 달아도 그만'인
댓글이라 할지라도 서로의 자기사진에 반응을 보이지
못한다면 이러한 관계에서 배제되기 쉽다.

인스타그램에서의 교류는 언어적 대화를 요구하지 않으며
이미지를 내세워 속도감을 높이는 방식으로 이루어진다.
한서연이 강조했듯 인스타그램에서 서로와 접촉할 때는 꼭
말을 걸고 답변하는 과정을 거칠 필요가 없다. DM 등을
통한 낯선 사람의 말 걸기는 오히려 긴장을 유발한다. 친분이
있는 지인들이 DM을 주고받기도 하지만 활동의 중심은 역시
피드에 올리는 자기사진이다. 인스타그램에서의 관계 맺기는

그저 서로의 자기사진에 '좋아요'를 누르는 짧은 반응만으로도
유지된다. 사진을 찍는 단계를 제외하면 큰 노력과 시간을
요구하지 않지만 해당 플랫폼에 관심을 갖고 꾸준히
접속해야만 가능한 방식이다.

인스타그램에 전시된 낱장의 사진은 단편적인 이미지로
보이지만, 여러 장이 쌓인 자기사진은 그 중심에 '나'의
이미지를 두고 피드를 통해 구성되는 일상의 서사를
만들어낸다. 자기사진은 인스타그램에서 맺는 인간관계 속
'나'의 얼굴이다. 이러한 의미는 오직 인스타그램의 공중에
'내'가 섞여들어갈 수 있어야, 즉 인스타그램의 독특한 '소통'을
구성하는 코드와 법칙을 적절하게 수행해야 유지된다.
'평범함'은 바로 그런 코드 가운데 하나이다.

돋보이지만 평범하게

인스타그램 내부의 인간관계가 오프라인의 관계에 기반을
두고 있다면, 낯선 사람의 존재는 어느 지점에서 끼어드는가?
그리고 인스타그램에서의 소통 목적이 그저 일상을 공유하는
것이라면 가장 잘 나온 "파이널" 버전을 굳이 골라 올리는
이유는 무엇일까? '편한 지인들'과 '낯선 타인들' 간의

경계는 어느 지점에서 형성되는가? 나와 인터뷰한 여성들 중에서는 인스타그램에서 활동하는 목적이 일상을 공유하고 인간관계를 유지하는 데 있다고 강조하면서도, 타인의 시선을 의식하여 가장 괜찮게 나온 사진들만을 인스타그램에 올리는 데다 가끔 지인의 사진을 보고 종종 부러움을 느낀다고 털어놓는 이들이 많았다. 나와 지인, 그리고 익명의 타인이 모두 뒤섞여 활동하는 인스타그램 내부에서 자기표현과 과시 그리고 소통이라는 상이한 행위는 이처럼 자기사진을 중심으로 어지럽게 표출되고 있다.

촬영자 여성들에게 인스타그램 내부에서 '소통할 사람'과 아닌 사람을 나누는 과정은 그리 쉽지 않다. 인터뷰를 진행하면서 나는 촬영자 여성들에게 '맞팔(맞팔로우)'을 요청했는데, 흔쾌히 수락하는 경우도 많았지만 주저하는 이들도 있었다. 어떤 이는 계정을 전체 공개로 설정해두면서도 몇몇 개인적인 사진은 친한 친구들로 구성한 좁은 그룹만 볼 수 있게 하고, 또 다른 이는 계정을 비공개로 운영하며 '맞팔'의 범위를 적당히 조절하기도 한다. 어느 경우건 자기사진을 보여주는 '소통할 사람'의 범위는 모두 신중하게 조정하지만, 항상 마음대로 되지만은 않는다. 많은 경우 인스타그램에서의 인간관계가 오프라인의 관계에 기반을 두고 있기 때문이다. 극단에서 배우로 일하는 김혜연은 직업과 관련된 사람의 인스타그램 계정을 '맞팔'해두었으며, 국내외에서 활동하는 다른 배우들과 소통하기 위해 계정을 공개하고 있다.

나 　혹시 직장 사람들도 같이 팔로우해두면
　　　안 불편하신가요?

김혜연 　확실히 그래요. 교수님도 있고 많잖아요. 어떤 사진,
　　　예를 들어 제가 술 마시는 사진 같은 건 안 올리게
　　　돼요. 친구들이랑 술 마시는 사진을 올릴 수도
　　　있잖아요. 그런데 앞에 술이 있으면 못 올린다 이거죠.

나 　술을 마시는 게 좋게 보이지 않는다는 거죠?

김혜연 　네. [배우라는 직업의 특성상] 체중 관리를 해야
　　　하니까. …… 사실 [그런 압박을] 싫어하는 사람도
　　　많았죠. 개인적인 공간이잖아요. "뭐냐. 우린 자유도
　　　없냐." 이렇게 말하는 사람들도 있었지만 …… 다들
　　　수긍하고, "그래 조용히 있자." 이런 분위기예요.

나 　그럼 인스타그램을 안 하는 직원들도 있어요?

김혜연 　네. 계정만 있고 활동은 안 하는 사람들도 있고,
　　　아니면 아예 계정이 없는 사람들도 있고. 근데 대부분
　　　해요. 대부분. 근데 무대 올라가는 사람들은 어쩔 수
　　　없어요. 다 관종이야[웃음]. 관심을 받고 싶어서 무대에

올라오는 거고. 그리고 [인스타그램을 해야] 팬들한테
내 존재를 알릴 수 있어요.

김혜연은 팬들에게 본인의 존재를 알리고 관심을 받고 싶어
한다는 이유로 자신을 "관종(관심 종자)"이라 멋쩍게 표현한다.
그러나 그는 자신의 얼굴이 나온 사진을 인스타그램에
열성적으로 올리는 유저도, 수많은 팔로워를 거느린
인플루언서도 아니었다. 내가 만난 대부분의 여성들은
김혜연과 같이 오프라인에서 관계를 맺은 타인들, 이를테면
대학에서 만난 다른 학생들이라든지 회사 동료들 그리고
때로는 가족들을 '맞팔'하고 있었다. 인스타그램의 '지인
관계'는 오프라인에서 그렇듯이 친한 사이만을 뜻하지 않는다.
아주 친밀하지 않아도 어색하지는 않은 사람들, 때로는 일로
만난 사람들, 심지어는 우연히 만났더라도 대면으로 '맞팔'을
요구한 사람들과의 연결을 포함한다. 따라서 인스타그램의
소통은 완전히 낯선 타인의 접근을 막는다 해도 여전히
긴장을 품고 이루어지게 마련이다.
　이러한 상황에서 인스타그램에서 자기사진의 노출 범위는
완전히 예상 가능하지만은 않으며 이를 매개로 한 '소통'은
명확한 방향성과 목적지를 상정하고 있지도 않다. 필연적으로
'나'의 일상을 담은 사진도 타인의 시선을 의식해 선별해야만

하므로 자기사진은 대개 전형적인 모습으로 나타난다. 그리고 그 전형적인 모습이란 뜻밖의 즐거움과 재미를 주는 B컷이 아닌, 적절한 보정을 거친 '잘 나온 사진'이다. 몇몇 여성들은 인터뷰에서 인스타그램 특유의 감성을 살리는 것이 중요하다고 재차 강조했다. 전시용 자기사진은 인스타그램이라는 특정 공간에서 통용되는 미감을 반영해야 한다는 것이다.

> 나　　[인스타그램에 사진을 올릴 때] 괜찮은 기준이 뭐예요?
>
> 임수진　[언니의 '전시용' 사진을 골라 보여주면서] 제가 설명을 할 때는 보통 아이컨택이 렌즈랑 너무 되어 있으면 부담스럽다고 해요. 이 사진 아니다. 아니면 여기서 다리가 너무 짧게 나왔다. 이것도 아니다. 부자연스러운 행동을 취했다. 이것도 아니다. 아니면 앵글을 딱 봤을 때, 그 왜 미술 시간에도 대칭 비율에 대해서 배우잖아요. 그게 너무 이상하다[웃음].

임수진은 본인보다도 가족(언니)의 사진을 자주 찍는 편이다. 언니는 인스타그램에 사진을 올리기 전에 임수진에게 괜찮은지 확인해달라고 종종 요청한다. 그러면 임수진은 언니가 납득할 만큼 긴 평을 해주곤 한다. "아이컨택"이 부담스럽지 않은지, 다리가 길게 나왔는지, 행동이 자연스러운지, 사진 속 배치 구도가 보기 좋은지를 꼼꼼히 따져주는 것이다. 임수진의 평이 납득이 가면 언니는 "'그래 이거다.' 하고 그걸 파이널로" 인스타그램에 올린다. 이처럼 인스타그램에 업로드되는 자기사진은 엄격한 선별을 거친 사진, 즉 여러 장의 '자기사진' 중에 자연스럽고 예쁘게 나온 것을 고른 "파이널"이다. 임수진의 언니가 도움을 청하는 것처럼 많은 여성들이 인스타그램에 업로드할 자기사진을 고르면서 친한 이들의 도움과 조언을 얻는다. 지인들의 손을 빌려 촬영하는 경우도 빈번하다는 점을 감안하면, 인스타그램에 올라오는 자기사진은 여러 단계의 협업을 거쳐 완성되는 셈이다.

인스타그램에 업로드하는 자기사진은 이처럼 '자연스럽게 예쁜' 분위기를 공유하며 이는 촬영자 여성의 독특한 개성을 앞선다. 나는 인터뷰를 통해 인스타그램 내부에서 통용되는 감성과 미감이 중요하다는 이야기를 여러 번 들을 수 있었다. 20대 후반의 홍소연과 지은선도 인스타그램에 업로드하는 자기사진들이 서로 비슷하게 '자연스러운 예쁨'을 구현하고 있다고 말했다. 주인공은 카메라를 의식하는 티를 내지 않고 너저분한 배경을 가리는 '커튼 같은 것'을 뒤에 자연스럽게 드리운 채로 등장하는 식이다. "뭐 하다가 딱 찍힌 느낌"으로

"표정이 자연스럽"거나 "각 잡고 찍어도 현실보다 이쁘게 나온 사진"(김보라) 등 인스타그램에 올라오는 '파이널' 사진들은 엇비슷한 미감을 띤다.

인공적으로 구현된 '자연스러운 예쁨'을 가장 아름답게 표현한 것은 일명 '인스타 여신'들의 사진이다. 그들은 미묘한 존재이다. 촬영자 여성들은 '인스타 여신'이 자기과시나 인기 경쟁에 몰두하고 있다고 지적하다가도, 때로는 화려한 '인스타 여신'의 모습을 자신과 비교하며 복잡한 기분에 빠진다.

> [인스타 여신을] 보면 저도 이렇게 찍어야 될 거 같고 또
> 그랬으면 좋겠고. 저는 왜 저렇게 안 찍힐까 싶은 마음에.
> 전 제 스타일이 있는데 인스타는 다 비슷하거든요. 인스타
> 검색창. 제 취향에 맞게 자동으로 뜨는 그 창에서 제 또래
> 여성들을 보면 20대 중후반이니까 거의 청순하고 어른스럽게
> 입는 사진들이 떠요. 근데 저는 청바지 맨투맨에 단화만
> 신으니까. 그런 사진들을 보면 저도 그렇게 입어야 될 거
> 같아서 이젠 안 보려고요.

어떤 여성은 인터뷰 중 '인스타 여신'의 자기사진이 초조함을 안겨준다고 위와 같이 토로했다. '인스타 여신'은 또래의 여성들에게 외모와 옷차림의 이상적인 기준을 제시하고,

'인스타 여신'의 사진은 일반인의 자기사진에 대한 일종의
모범사례가 된다. 게다가 인스타그램에는 사용자의 연령과
성별에 맞춰 인기 있는 게시물들을 자동으로 보여주는
기능이 있어 촬영자 여성들은 또래 여성들의 '우수한'
자기사진을 자연스레 접하고 자신의 사진과 견주게 된다.

흥미롭게도 '인스타 여신'의 존재를 의식한다는 고백에서
촬영자 여성들은 '일상'을 SNS를 거쳐 '타인에게 보여줄
대상'으로 상정하고 있다. 촬영자 여성들은 자기사진 앨범을
만들면서 일상을 기록하고 "나의 역사"를 보관한다고 말한다.
그런데 타인에게 자기사진을 공개하는 SNS 공간에서는
사진이 담은 '일상'의 의미가 다소 달라진다. 디지털 이미지를
통해 '나'의 서사를 만드는 자원, 즉 끊임없이 생성하는
자기사진의 원천으로 나타나는 것이다.

인스타그램에서 일상의 공유는 단순히 소식을 전하거나
안부를 묻는다는 의미가 아니라 인스타그램 내부에서
통용되는 분위기와 규칙에 맞춰 수행하는 '소통'에 가깝다.
바로 이 지점에서 '자연스럽게 예쁜' 모습을 보여주고자
하는 욕구는 인스타그램식 소통의 규칙과 접합된다. 즉 나의
모습을 적절한 방식으로 보여주는 동시에 스스로를 '인스타
여신'이나 활발한 유저와는 구분하면서 '자기과시'가 아닌
소통에 중점을 두는 평범한 유저로 자임하는 것이다. "너의

일상을 보여달라"는 인스타그램의 요청 아래, 자기사진을 통한 과시는 그리 유별날 것 없는 행위로서 집단적으로 표출되며 보편화한다. 서혜린과 한수영(20대 후반)은 '인스타그램은 원래 그런 곳'이라고 지적하며 플랫폼 내부에서 통용되는 분위기를 다소 자조적으로 설명했다.

서혜린　[인스타그램의 자기사진이 보여주는] 그 평온한 일상이, 내가 얼마나 세련되고 얼마나 아티스틱하면서 미니멀리즘하기도 하고, 그런 내가 얼마나 세련되고 우아하게 살고 있는지. 나의 우아한 안목으로 배치된 집기와, 사진을 위해 셀렉된 도구들의 배치와, 이런 게 얼마나 우아하고 멋있는 건지. 그런 게 다 한 장에 녹아 있는 거죠.

나　[인스타그램에 올라온 젊은 여성의 사진을 함께 보며] 이건 전시 사진.

서혜린　나 이렇게 멋진 문화생활을 하는 사람이다.

나　퀴어 퍼레이드를 배경으로 찍은 사진.

한수영　나 이렇게 퀴어 프렌들리한 사람이다[웃음].

서혜린　나 오픈마인드야[웃음].

나　[일부러 우스꽝스러운 표정을 지으며 찍은 사진] 이건 전혀 의도를 모르겠어요.

자기사진은 내가 어떤 사람이며 어떻게 살고 있는지를
보여준다. 특히 인스타그램에 업로드하는 자기사진은 '내가
이렇게 멋진 사람이며 "얼마나 세련되고 우아하게 살고
있는지"를 드러낸다. 서혜린의 말처럼 그러한 자랑은 언어가
아닌 이미지화한 지표들을 통해 자기사진에 녹아 있다.
자기사진에 익숙한 이들은 특별한 설명 없이도 "한 장에
녹아 있는" 자랑의 코드를 어렵지 않게 읽어낸다. 내가 소비한
물건과 방문한 장소는 '나는 이런 사람'임을 꾸며주는 자랑의
지표들로 자기사진에 배치된다.

　'파이널'로서의 자기사진은 저마다 돋보이지만
인스타그램을 통해 전체의 일부로 전시되면서 다른 이의
'파이널'들과 나란히 진열된다. 낱장의 자기사진은 삶의
즐거운 순간을 극대화하여 드러내며 일상을 자랑할 만한
것으로 만들어 보여주지만, 개개의 사진들이 언제나 일정한
규격에 맞춰 공평하게 나란히 늘어서는 피드에서 타인의
'파이널'과 나란히 놓이는 순간 자랑거리의 세부들은 쉽게
가려지고 만다. 여기서 특별함을 만들어주는 것은 '좋아요'와
댓글의 수로 가늠할 수 있는 반응의 총량이다. 반응의 총량을
측정할 수 있다는 것은 자랑의 성공도를 객관화할 수 있다는

의미이기도 하다. 사진 아래 부러움과 칭찬을 담은 댓글이나 '좋아요'의 개수는 자랑이 얼마나 성공적인지 알려주는 척도가 된다.

반응의 총량과 마찬가지로 유저가 맺은 관계의 범위도 가시적으로 확인할 수 있다. 팔로워 수가 외부에 공개되는 SNS에서 친구 수는 그저 '소통할 사람'의 범위만 의미하지 않는다. 이는 관계의 규모, 즉 계정 주인의 인기를 파악할 수 있는 척도이기도 하다. 다시 말해 인스타그램에서 관계의 규모와 범위는 팔로워 수를 통해 측량되며 유저들을 몇 가지 유형으로 나누는 지표로도 작용한다. 인스타그램 유저들은 팔로워 수를 기준으로 그 인기와 영향력이 달리 평가되며 각자의 위치에 걸맞은 방식으로 소통을 수행한다. 소통을 목적으로 인스타그램에서 활동한다는 이들이 많지만 그 소통의 유형과 방법은 제각각인 것이다.

나   인스타 친구가 몇 명 정도 돼요?

황은하   전 진짜 별로 없는 편이에요. 이제 150명 언저리? 150명에서 180명 정도? 많은 친구들은 200, 300명 정도?[6] 그리고 SNS 활동을 정말 활발하게 하는 친구들은 막 천 명 넘어가기도 하고, 그런 친구들이 운영하는 걸 보면, 인생샷을 많이 올려서 해시태그를 많이 달고요. 그거 다는 게 중요해요. 태그를 어떻게 다느냐에 따라서 팔로워가 늘어나게 돼 있거든요. 그걸 전략적으로 잘 달아야 돼요. 제 주변 사람 중에 팔로워 수를 늘리려고, 팔로워 수 늘리는 방법도 [포털사이트에] 치면 나오거든요[웃음]. …… 해시태그 다는 공식이 있는 거예요. '얼스타그램', '셀스타그램', '셀카', '셀피', '모델', '데일리', '일상', '훈남' 이런 식으로요. 해시태그라는 게 결국은 검색을 용이하게 하려고 만들잖아요. 이런 단어들이 검색이 많이 되는 거죠, 인스타그램에서.

황은하는 스스로 인스타그램을 과하지 않게 활용한다고 말했다. 자신은 팔로워가 천 명이 넘어가는 다른 친구나 '인스타 스타'와는 다르다는 것이다. 그는 인스타그램 유저가 몇 가지 부류로 나눠진다고 보았다. 먼저 연예인, 그리고 연예인은 아니지만 인스타그램에서 상당한 인기를 얻은 '인스타 스타'나 '인스타 여신', 그보다는 인기도가 낮지만 "SNS 활동을 정말 활발하게 하는 친구들", 마지막으로 황은하 자신을 포함한 '평범한 유저'이다.

　　이와 같은 분류는 다른 여성들의 인터뷰에서도 공통으로 나타났다. 이들은 '활발한 유저'와 '평범한 유저'는 인스타그램을 서로 다른 방식과 목적으로 활용한다고도 주장했다. 또한 흥미롭게도 나와 인터뷰한 여성들은 전부 소통을 위해 인스타그램을 쓴다고 강조했다. 이들의 팔로워 수는 적게는 백 명 안팎에서 많게는 수백 명에 이르기까지 다양했다. 이들은 인스타그램에서 자기사진을 즐겨 업로드한다고 인정했지만, 그래도 친구들과 소통하는 것이 인스타그램 활동의 주 목적이라고 밝혔다.

> 셀카를 올리면 산업 DM이 진짜 많이 와요. 얼마 전에도 언니랑 찍은 사진을 올렸는데……. 진짜 많이 와요. 물건 하나를 주고 원고료 10만, 15만 원을 줄 테니까 광고를 올려달라[는 거죠]. 저는 안 하는데 그걸로 돈을 버는 애들도 있긴 해요. [게시물을 하나 보여주며] 누가 봐도 광고글 같잖아요. 이런 걸로 원고료를 받는 거예요. 이 친구[계정 주인]가 공개 계정이랑 친구용 계정이랑 따로 있어서. …… 상업성을 개의치 않아 하는 애들은 분명히 있는데 저는 그런 걸 올리는 것도 별로고.

여기서 김소혜가 "상업성을 개의치 않아 하는 애들"로 지목한 유저는 황은하가 "SNS 활동을 정말 활발하게 하는 친구들"로 표현한 이들과도 겹친다. 이들은 전략적으로 해시태그를 달아가며 검색을 용이하게 만들고 게시물에 광고를 끼워넣어 돈을 번다. 반면 내가 만난 대부분의 촬영자 여성들은 자신의 계정이 '상업성' 또는 '광고성'과 동떨어져 있다고 강조하며 스스로를 "팔로워 수에 집착하는 사람들" 또는 "(시선을 의도적으로 끄는 광고 목적의) 사진에 집착하는 사람"과 구분 지었다. 이들의 구분에 따르면 '평범한 유저'는 소통을 목적으로 활동하며 인스타그램에서 용인되는 범위 내에서 과시를 행한다. 그러나 이보다 한 단계 올라가면 '활발한 유저'들은 오직 인기를 늘리기 위해 인스타그램을 쓰며 그 과시의 정도도 '평범한 유저'인 자신들보다 높다.

반면 촬영자 여성들은 인스타그램을 '일상용'으로 쓰는 '평범한 유저'로 스스로를 규정하면서 소통 범위를 신중하게 관리한다는 점을 강조한다. '업무용'으로 여러 개의 계정을 관리한다는 배수아도 '일상용' 계정은 별도로 두고 있다. 그는 "일하는 거 따로, 지인들 거 따로" 계정을 분리해두었는데 후자에 해당하는 '일상용'은 광고를 위해 운영하는 '업무용'에 비해 팔로워 수가 현저히 적다. 여행 사진이나 반려견 사진, 친구들과의 셀카를 올리는 계정은 의도적으로 팔로워 수를 늘릴 필요가 없기 때문이다.

'지나치게 과시적인 유저'들과 달리 '평범한 유저'들은 자기사진을 자신의 통제 영역, 즉 '소통 범위' 안에 두고자

애쓴다. 그러나 앞서 살펴본 '브라렛 빌런 사건'은 공개
계정이건 비공개 계정이건, 낯선 계정을 차단하건 그렇지
않건 인스타그램에 자기사진을 업로드하는 여성들이
완전히 안전한 소통 범위 내에만 머무르기 어렵다는 사실을
드러낸다.

> 김혜연 [사진을 올리면] 이상한 메시지가 올 때도 있는데 그럴
> 땐 바로 차단해요. '여 알바 구함' 이런 거. '안녕하세요
> 누구입니다, 친하게 지내고 싶어요' 이렇게 연락 오고.
> '밤일하는 사람 구합니다' 이런 것도 많이 오고. 저는
> 인스타그램에 팔로우를 많이 안 해요.
>
> 나 일부러 조정하시는 거예요?
>
> 김혜연 네. 그렇게 DM이 온다든가 그러면 좀 짜증나고.
> 기분이 상한다든지. 거부감[도 들고요].
>
> 나 지인들하고만 공개된 계정인가요?
>
> 김혜연 아니요, 전체 공개예요. 그런데 모르는 사람이
> 팔로우를 하면 바로 차단해요. …… 어떤 사람들은,
> 팔로우를 신청했다가 [여자들이] 안 받잖아요? 그럼
> 취소했다가 다시 걸고. 받아들일 때까지 하는 거예요.
>
> 나 취소하고 다시 걸면 알림이 다시 가니까?
>
> 김혜연 네. 자기 존재를 알아달라고.

촬영자 여성들이 내게 설명한 '평범한 유저'와 '활발한 유저'의 차이는 이처럼 자기사진의 노출 범위를 조정하는지 여부에 달려 있다. '평범한 유저'는 인스타그램 내부에서 과시의 정도를 보편적인 수준으로 조절하고, 안전한 범위와 위험의 가능성을 가늠하며 균형을 잡는다.

물론 여성들이 인터뷰에서 주장한 유형 분류를 그대로 수긍하기는 어려울 수도 있다. 그러나 이들이 주장한 '평범함'이라는 특성은 인스타그램 내부에서 형성되는 규칙과 터부를 드러낸다. '일상용'으로 SNS를 활용하는 '평범한 유저'의 관점에서는 자연스럽게 예쁘지만 결코 지나치게 과시적이지 않고, 공들여 찍되 너무 과하게 보정하지 않은 자기사진을 올려야 한다. '평범한 유저'는 자랑을 즐기지만 '과함'의 선을 넘지 않는다. 이들이 인스타그램이라는 공간에 참여하는 것은 '지나치지 않은' 과시, 자연스럽게 예쁘지만 '평범한 과시'를 통해서다. 따라서 인스타그램에 과시적으로 보이는 자기사진을 올리는 행위는 그 사진의 주인공이 특별히 나르시시즘적인 성격을 갖고 있다는 의미로 해석될 수 없다.

이렇듯 '평범함'이라는 타협점을 기반으로 자연스럽게 예쁜 모습을 과시하는 행위는 '소통하는 우리' 가운데 하나로서 자신을 위치 지으려는 의도와 공존한다. '평범한 유저'는 자신의 모습을 '돋보이게' 보여주면서도 공중의 일원으로 튀지 않게 자리 잡으려 애쓴다. 나와의 인터뷰에서 여성들은 인스타그램에서 자기과시적인 측면을 표출한다고 인정했지만, 그럼에도 과시보다 소통이 중요한 의미를 지닌다고 강조했다. 그러나 인스타그램에서 소통과 자기과시는 자기사진 업로드를 중심으로 결합하여 동시에 이루어진다.

오프라인에서 소통과 자기과시는 별도의 행위로서 때때로 상충하지만 인스타그램의 세계에서 이 두 가지는 결국 업로드와 그에 반응하기라는 수행을 통해 서로 뗄 수 없는 관계에 놓인다. 이러한 상황에서 스스로 '과시적인 측면도 있지만 소통을 우선시'한다는 여성들의 말은 다음을 뜻한다. 인스타그램에는 의례화된 자기과시의 문화가 저변에 깔려 있으며 나 또한 과시의 주체로 여기에 참여하지만, 동시에 나를 돋보이게 표현하는 과시의 정도를 적당하게 조절하여 '소통'의 주체로도 자리 잡는다는 것이다. '나'와 타인의 적절한 과시를 용인함으로써 '일상용' 계정이 맺는 '소통'의 연결망은 비로소 유지된다. 따라서 인스타그램에서 과시의 주체는 곧 소통의 주체이기도 하다.

한편 전형적인 형태의 자기사진 찍기를 거부하는 여성들도 있다. 내가 만난 촬영자 여성들 가운데서는 '예뻐 보이지' 않는 차림이나 표정을 하고 촬영하길 즐김으로써 자기사진의 전형에서 벗어나고자 하는 이들이 있었다. 그럼에도

'자연스러운 예쁨'을 보여주는 젊은 여성들의 자기사진은 여전히 주류를 이루고 있다. 촬영자 여성들은 스스로를 '돋보이지만 평범한 여성'으로 재현한다. 이들은 예쁘지만 지나치게 과시적으로 보이지 않도록 주의하며 '안전하게' 모습을 드러내고자 한다. 촬영자 여성들은 신중하게 관리한 소통 범위 내에서 자기사진을 내세워 인간관계를 맺고 '세련되고 우아한 일상'을 과시하며 비로소 '평범'해진다. '인스타 갬성'에 맞게 적절히 보정된 '파이널' 사진들 역시 낱장으로는 돋보이지만 전반적으로는 '평범'한 의미를 띠고 공유된다.[7]

인스타그램과 불화하는 자기사진의 모순

- 커뮤니티를 이루어 모두가 더욱 가까워지는 세상을 만듭니다.
- 모두를 위한 공간 — Instagram은 모두에게 안전하고 따뜻한 커뮤니티를 만들기 위해 최선을 다하고 있습니다.
- 새로운 기능 둘러보기 — Instagram의 최신 기능을 사용하여 새로운 방식으로 자신을 표현해보세요.
- Instagram에서 돋보이기 — 더 많은 사람들과 소통하고 영향력을 높이고 독특하고 매력적인 콘텐츠를 만들어보세요.
- 함께 성장하기 — 다양한 글로벌 커뮤니티와 함께 브랜드를 공유하고 성장시켜보세요.

인스타그램 공식 홈페이지의 소개 (번역 일부 수정)

촬영자 여성들은 자기사진을 업로드함으로써 인스타그램에서 '평범한' 여성이 된다. 인스타그램의 '평범함'은 촬영자 여성이 자기사진을 통해 보편화된 '과시'를 수행하며 인간관계의 연결고리를 만드는 행위에서 비롯된다. 촬영자 여성들의 '평범함'은 낯선 누군가의 섣부른 접촉을 막으면서 자신의 소통 범위를 안전하게 관리하고, 그 자신도 지인의 느슨한 소통 범위에 안정적으로 머무를 수 있게끔 한다.

그런데 이와 같은 '평범함'은 인스타그램의 슬로건, "더 많은 사람과 소통하고 영향력을 높이고 독특하고 매력적인 콘텐츠를 만들어보세요."라는 주문과 일부 겹쳐진다. '독특함'을 언급하기도 하지만, 인스타그램의 슬로건은 '매력적인 콘텐츠'를 통해 더 많은 사람들과 소통하기를 강조한다는 점에서 '소통'을 우선하며 '자연스러운 예쁨'을 구현하는 '평범함'의 조건과도 맞닿아 있다. 그러나 '평범함'의 이면에 존재하는 위험의 가능성 때문에 촬영자 여성들은 "더 많은 사람들과 소통하라"는 주문에 어느 정도 방어적인 태도를 취할 수밖에 없다. 촬영자 여성들이 내게 강조했던 '일상적인 계정'들 간의 평화로운 관계는 '브라렛 빌런'과 같은 타인의 접촉으로 깨지고 만다. '브라렛 빌런'은 '규칙'에 맞게 사진과 반응을 주고받는 '소통'에 참여하지 않고 대신 자기사진에 대한 일방적이며 관음증적인 수집 욕구를 충족하는 데 그친다. 그런 경우를 고려하면 인스타그램이 말하는 '커뮤니티'의 일부는 수집가와 수집 대상 간의 불평등한 관계로 구성된다. 이러한 관계는 인스타그램이 주장하듯이 "모두가 더욱 가까워지는 세상"의 굴절된 형태일지는 몰라도 "모두에게 안전하고 따뜻한 커뮤니티"와는 거리가 멀다.

인스타그램의 공식 홈페이지에서 확인할 수 있는 다섯 가지의 슬로건은 이처럼 서로 충돌하는 상이한 주문들을 공존할 수 있는 지향들로 한자리에서 소개한다. 각 항은 얼핏 단순하고 중립적인 내용으로도 보인다. 그러나 이것들은 '표현'과 '소통', '콘텐츠 만들기'와 같은 자유롭고 개인적인 실천을 주문하는 동시에 그로써 생겨나는 '영향력'을 인스타그램이라는 특정 커뮤니티에 집결시키고 있다. 우리는 여기서 다섯 번째 주문, "다양한 글로벌 커뮤니티와 함께 브랜드를 공유하고 성장시켜보세요."에 주목할 필요가 있다. 인스타그램에서 자기표현은 어떻게 기업(브랜드)의 성장으로 연결되는 것일까?

인스타그램의 슬로건에 등장하는 '브랜드'는 해당 플랫폼에 무수히 많은 광고를 올리는 다양한 기업을 의미하기도 하지만, 그 이면을 들여다보면 무엇보다 유저들의 업로드를 통해 지탱되고 '영향력'을 키우는 인스타그램 플랫폼 자신을 가리킨다. 인터넷이 전례 없는 규모로 팽창하고 디지털 통신이 기업 활동에 필수적인 도구가 되면서, 온라인 플랫폼은 개인의 데이터를 추출하고 분석하는 사업 모델로 급부상했다.[8] 특히 구글이나 페이스북을 포함한 광고 플랫폼은 인터넷 유저의 활동 내역을 분석하고 '정보 상품'으로 다른 기업에 판매하여 막대한 수입을 올리고 있다.[9] 이러한 상황에서 인터넷 활동은 표면적으로 자유로운 행위로 보이더라도 기업의 자본을 실질적으로 창출하고 재생산하는 무급 노동으로 이어진다. 특히 스마트폰과 무선인터넷이라는 기술은 이용자로 하여금 '자유로운 데이터 노동'에 계속해서 참여하게끔 만드는 환경을 조성한다.[10] 즉 SNS 플랫폼은 사람들의 일상적 기록과 '온라인 인맥', 감정을 이윤으로 바꾸어내는 한편 '데이터 노동자'인 개인은 "모두에게 자연스럽게 노출·고백·전시하는 자기 드러냄의 주체"로 변모하는 것이다.[11]

이러한 시각은 SNS 플랫폼에서의 자유로운 일상적 활동이 단순히 개인의 취향과 욕구를 표출하는 데만 그치지 않는다는 사실을 보여준다. 기업으로서 인스타그램을 지탱하는 경제적 원동력 역시 디지털 이미지를 매개로 한 유저들의 활동에서 나온다. 자기사진을 인스타그램에 업로드하는 젊은 여성들은 콘텐츠를 만들고 관심을 집결시켜 인스타그램의 수익 창출에 기여한다. 현재 적지 않은 계정들이 광고를 의뢰받아 자기사진을 일종의 PPL처럼 활용하고 있는데, 이들 계정에 올라오는 사진에서 일상과 광고의 경계는 한층 더 모호하다. 최근 인스타그램은 수동적인 광고에만 그치지 않고 '쇼핑' 기능을 추가하여 더욱 노골적으로 상업적 기능을 강화하기도 했다.

인스타그램의 두 가지 명령, 즉 "독특하고 매력적인 콘텐츠를 만들어보세요."라는 권유와 "브랜드를 공유하고 성장시켜보세요."라는 주문은 바로 이 지점에서 결합한다. 인스타그램은 '자유로운 개성 표현'을 강조하면서도 개인의 활동 방식을 플랫폼의 틀에 맞게 구조화해낸다. 전형적인 형태의 자기사진을 즐거이 생산하고 전시하면서도 '인스타 여신'과는 다른 '일반인 유저'로 자임하는 여성들은 인스타그램식 '평범함'을 구성하고 실천한다. '평범함'에 대한 감각은 단순히 여성 개인의 행동이나 성격에서 비롯된다기보다 인스타그램에서 과시적 행위가 보편화한 결과로서, 계속해서 '나'를 보여주고 사진을 올릴 수 있도록 독려하는 분위기로 작용한다. 이것이 인스타그램의 수익 창출 구조와 맞아떨어지면서 플랫폼의 '영향력'은 갈수록 거세진다. 인스타그램이 인간관계나 일상과 같은 개인적인 차원의 요소들을 이익의 원천으로 재조립하고 이를 위한 집단적 규범을 만들어내는 장으로 작동하는 셈이다.

그런 이유로 촬영자 여성들은 인스타그램이 마련한 기능들 위에서 활동하면서도 인스타그램의 주문에 어긋나는 태도를 보인다. 수상쩍은 계정의 접근을 차단함으로써 "모두가 더욱 가까워지는 세상"의 실체에 의문을 표하고, '다들 하는 방식'으로 자신을 표현함으로써 인스타그램이 표방하는 '독특함'보다는 '안전함'에 머무르고자 한다. 무엇보다 이들이 인스타그램의 슬로건을 가장 극명하게 위반하는 지점은 인스타그램의 주문과 다른 방식으로 자기사진을 의미화하는 과정에서 나타난다.

여기서 다시 4장에서 살펴본 '브라렛 빌런 사건'을 끌어올 필요가 있다. ○○대학교에 재학하던 남학생 △△△는 "예쁜 여자들의 사진을 보고 싶"다는 이유로 인스타그램에서 여성 학우들의 계정과 각종 외설적인 해시태그를 무분별하게 팔로우했고, 익명게시판을 통해 자신의 행동이 문제시되자 결국 계정을 삭제하기에 이르렀다. 흥미로운 점은, △△△는 결코 인스타그램의 '공식적인 룰'을 어기지 않았다는 사실이다. 당시 ○○대학교 익명게시판에는 △△△의 행동을 두둔하는 댓글도 적잖게 올라왔다. 이를테면 다음 댓글도 그렇다.

이게 왜 잘못임? 인스타는 애초에 자기 거 보라고 게시물 올리고 공유하고 팔로워 늘리는 데 아님?

위 댓글은 △△△의 행동이 인스타그램 활동의 원래
목적에 부합하지 않느냐고 반문한다. 실제로 이는 '자신을
표현하라'거나 '더 많은 사람들과 소통하라'는 인스타그램의
주문과도 완벽히 맞아떨어진다. 표현하는 이는 게시물을
올리고 타인과 '자유롭게' 공유하며, 게시물이 마음에
드는 누군가는 원소유주와 팔로우 관계를 맺고 '소통'한다.
인스타그램의 슬로건에서 자기사진의 전시와 공유, 그리고
익명의 타인에 의한 수집은 이렇게 물 흐르듯이 매끄럽게
이어지는 단계들로 나타난다.

　그런데 △△△의 행동에 분개하는 강미나는 바로 이
점을 비판한다. 인스타그램의 구조가 애초에 '브라렛 빌런'의
접근을 활성화하도록 짜여 있다는 것이다. 즉 '브라렛 빌런'은
인스타그램의 룰을 위반하기는커녕 오히려 그 기능을 적극
활용함으로써 위협적인 존재가 된다.

> 강미나　이런 식으로 여자애들을 계속 팔로잉하는 경우,
> 알고리즘상 비슷한 애들이 계속 친구 추천으로
> 떠요. △△△도 그랬을 거예요. 자꾸 뜨니까 이쁘네
> 하고 팔로잉하고 또 그렇게 해서 뜨는 추천 친구를

또 [팔로우]하는 거죠. 이런 SNS 알고리즘이 거의 비슷하게, 내가 누르는 만큼 취향을 분석해가지고 그거에 맞게 추천해준다고 알고 있거든요. 그래서 쓰면 쓸수록 더 편해지잖아요. 그런 식으로 충성심을 높이는 게 SNS의 전략이라고 알고 있어요. 어쨌든 다 타고 오더라고요. 나는 진짜 이게 어떤 용도인지 모르겠어. 비공개 계정으로도 다 타고 온다는 게.

나 　비공개면 공개해줄 때까지 DM을 보낸다는 거죠?

강미나 　DM을 보내고, 팔로잉을 신청한다는 거죠. …… △△△가 타고 들어가서 [비공개 계정인] 제 친구 중 한 명한테 계속 팔로우 요청을 했어요. 그래서 제가 △△△ 차단 박으라고 했고요. 이게 말이 안 되는 거죠. SNS는 자기표현을 하라고 만들어진 건데 내가 거기서 자기표현을 한다고 해서 △△△ 같은 사람이 위협적으로 나오면 말이 안 되는 거죠.

강미나는 인스타그램이 유저들의 충성도를 높이는 전략으로 알고리즘 추천 기능을 활용하고 있다고 설명한다. 덕분에 △△△는 힘들이지 않고도 '예쁜 여성들'을 끊임없이 찾아내 팔로우할 수 있었다. 공개 계정뿐 아니라 비공개 계정도 △△△에게 제시되는 추천 목록에서 빠지지 않는다.

△△△는 실제로 이렇게 찾은 계정들에 계속해서 팔로우 요청을 보냈다. 강미나는 '브라렛 빌런'의 접근이 위협적으로 느껴진다며 "자기표현을 한다고 해서 위협적으로 나오면 말이 안 되"지 않느냐고 반문했다.

'평범한 유저'인 강미나의 관점에서 자기표현을 하는 것, 즉 자기사진을 올리는 것은 소통 범위를 계속해서 넓히기 위함이 아니다. 인스타그램은 누구나 다른 사람의 자기사진을 '수집'할 수 있는 배경을 제공하지만 '평범한 유저'를 자임하는 촬영자 여성들은 낯선 이의 접근을 달가워하지 않는 경우가 많다. 인스타그램은 슬로건과 플랫폼 내부의 기능을 통해 불특정 다수의 게시와 수집을 함께 독려하지만 촬영자 여성들은 게시에서 수집으로 이어지는 연결을 끊어내고자 한다. 타인의 수집 행위에 내재한 위험의 가능성을 인지하고 있기 때문이다.

정리하자면 다음과 같은 구도를 설정할 수 있다. 촬영자 여성(①)과 인스타그램(②), 그리고 '브라렛 빌런'과 같은 수집가(③)는 인스타그램 안에서 삼각형을 이루며 관계 맺는다.[12] ①은 인스타그램에 자기사진을 업로드하는 촬영자 여성으로, 강미나와 같이 일상용 계정에서 자기표현을 즐기지만 낯선 사람의 접근을 원치 않는 '평범한 유저'이다. ②에 해당하는 인스타그램은 수익을 창출하도록 구조화된 자기표현의 장이다. ③은 '브라렛 빌런'처럼 대개는 낯선 남성의 모습으로 접근하는 자기사진 수집가이다. 이들은 여성들의 사진을 감상하고 수집하며 인스타그램에서 활동한다. 삼각구도를 이루는 세 행위자의 관심사는 서로 부합하거나 충돌한다. ②와 ③의 관심사는 자기사진의 수집과 관심도 집적이라는 측면에서 서로 만난다. ②는 ③에게 원하는 이미지를 더 많이 볼 수 있도록 알고리즘 추천을 제공하고, ③은 이러한 기능을 활발히 이용함으로써 플랫폼의 관심도를 높이고 광고 수익을 창출하고자 하는 ②의 목적에 기여한다.

반면 ①과 ③의 충돌은 필연적이다. 4장에서 살펴본 '브라렛 빌런 사건'은 자기사진을 업로드하는 '평범한 유저' 여성들이 낯선 타인의 접근을 막으려 하지만, 남성 수집가는 더 많은 자기사진을 열람하고 마음에 드는 계정들을 팔로우하는 과정을 보여준다. 이때 ③의 행동은 ②가 제지하기 어려우며 오히려 독려되었으나 오프라인의 영역에서 공론화되자 '수집 대상'이었던 ①의 분노를 맞았다.[13]

가장 흥미로운 지점은 ①과 ②의 관계이다. ②는 ①에게 자기표현의 기술적 장으로 존재하며 지인과 소통을 이어갈 수 있는 수단을 제공한다. ①은 ②를 즐겨 이용하며 다른 사람들과 관계를 맺고 스스로의 '자연스러운 예쁨'을 과시한다. 여기서 자기사진은 소통의 매개이자 일상의 기록이지만 ②에게는 수익 창출의 원천이자 플랫폼을 지탱하도록 활용할 자원이다. ①의 자기사진이 불특정 다수에게 널리 공유될수록 ②에게는 더욱 유리하며 여기서 '위험의 가능성'이 생성된다. ①은 자기사진을 '내 것'으로 주장하며 ②가 '소통 범위'를 넓히기 위해 의도적으로 만들어내는 구조적 환경이 '위험의 가능성'을 내포하고 있다고 주장한다. 여기서 자기사진은 ②의 소유물이나 ③을 위한 공공재가 아닌, ①이 소유한 '내 사진'으로 규정된다.

자기사진의 소유권에 대한 ①의 주장은 ②가 깔아둔 룰을 위반하면서도 그 플랫폼을 안전하게 이용하고자 하는 의지에서 비롯된다. 유저들은 가입에 앞서 콘텐츠의 사용 권한을 ②에게 넘기는 조항에 동의하므로[14] 위와 같은 주장은 언뜻 모순적으로 비춰질 수 있다. 그러나 ①은 ②가 약속한 "모두에게 안전하고 따뜻한 커뮤니티"가 실현되지 않는다고 지적하며 "모두가 더욱 가까워지는 세상"이 누구를 위한 것인지 의문을 표한다. ②는 무분별한 수집을 제어할 효과적인 장치 없이 '자유로운 표현'과 '더 넓은 소통'을 촉구하고 있기 때문이다. 이런 상황에서 자기사진을 플랫폼과 타인에게 '콘텐츠'로 제공하도록 만드는 ②의 방침은 여성들의 반발에 부딪힐 수밖에 없다. 촬영자 여성들은 ②와 ③이

서로 다른 목적을 지녔지만 자기사진을 '수집'한다는 점에서는
실질적인 공모 관계를 맺고 있다고 지적하면서 자기사진에
대한 원소유주의 권리를 주장한다.

'내 사진'을 온전히 소유하고 통제한다는 것

셀카는 디카나 폰카, 스마트폰 등의 카메라로 스스로를 직접
찍은 사진을 의미하지만, 최근 스마트폰으로 찍는 무수한
사진들 가운데는 이러한 정의에 들어맞지 않는 경우도 많다.
즉 타인의 손을 빌려 촬영하더라도 어떤 것은 '내 사진'이 될
수 있지만 그렇다고 내 모습을 담은 모든 사진이 '내 사진'인
것은 아니다. 어떤 사진이 '내 것'이라는 인정은 무엇보다도 그
사진에 개인적인 서사와 의미를 부여하는 과정에서 주어진다.
'내 사진', 즉 자기사진은 피사체이자 때로 촬영자인 여성
본인의 승인을 받아야 한다.

자기사진이 지니는 '내 것'의 의미는 촬영자 여성의 기억과
서사, 인간관계, 전유 방식을 비롯하여 다양한 층위에서
유동적으로 형성된다. 그런데 무수히 많은 사진이 떠도는
온라인 공간에서 '내 사진'의 의미는 촬영자가 사진의 공유
범위를 통제하고자 하는 분명한 의도를 띤다. 인스타그램의

촬영자 여성들은 사진에서 민감한 신원 정보를 숨긴 채 얼굴과 몸의 이미지라는 단편적 형태로 존재하며 플랫폼이 제공하는 기술적 환경 안에서 언제든, 어디로든 '유통'될 수 있는 데이터로 취급된다. 이때 여성들은 단순히 자기존재를 드러내기 위해서가 아니라 자기사진이 손쉽게 남의 손에 떨어질 수 있음을 감지하기 때문에 자기사진을 '내 것'이라 주장한다.

촬영자 여성들은 인스타그램에서 자기사진을 매개로 다른 사람과 관계를 맺지만 이 사진들을 일방적으로 수집하는 행위에는 반발한다. 자기사진을 온전한 '내 것'으로 주장하는 것은 플랫폼 자체가 공식적인 수집 주체로 되어 있는 인스타그램에서 얼핏 불가능한 일처럼 보이기도 한다. 그러나 촬영자 여성들의 '내 사진'에 대한 주장은 모호한 형태로나마 형성된 '소유 감각'을 분명히 드러낸다. 젊은 여성들은 인스타그램의 모순적인 구조적 환경을 경험하면서 자기사진에 대한 소유권을 체득하기 시작했다. 이들의 주장은 단순히 SNS 플랫폼과 단절함으로써 해결할 수 있는, 말하자면 인스타그램 내부에 국한된 것이 아니며, 타인에 의해 자유롭게 수집될 수 있는 자기사진의 통제권을 적극적으로 확보하고자 하는 요구이다.

자신의 이미지를 온전히 통제하고자 하는 여성들의

움직임은 불법촬영과 디지털 성범죄를 규탄하는 대규모 시위로 이어지기도 했다. "나의 일상은 너의 포르노가 아니"라고 선언하며 혜화역에서 열린 '불편한 용기' 집회가 대표적이다.[15] 주최 측은 "불법촬영 같은 문제를 '너무 사소하다, 아무 일도 아닌데 유난 떤다'고 여기는 가부장적인 시선"을 비판하며 "우리(여성)에겐 생존권에 대한 문제"라고 강조했다.[16] '내 사진'은 "장바구니에 담는 물건"이 아니라는 주장 역시 이와 무관하지 않다. 그러나 온라인 공간에서 이루어지는 디지털 사진의 '남성적 수집'은 불법촬영이나 디지털 성범죄라는 이름으로도 규정되지 못한다. '수집당하는' 여성들의 불쾌감은 '실질적인 피해'가 없는 별것 아닌 문제, 또는 '사소한 감정과 느낌'에 불과한 것으로 치부되기 때문이다. 이처럼 '수집당함'은 그 어떤 '피해'로도 불리지 못하며 공론화하기도 어렵지만, 자신의 이미지에 대한 여성의 통제권을 세울 '사소한' 출발점이기도 하다.

자기사진에 대한 '소유 감각'은 사진 속에 박혀들어간 당사자의 권리를 문제 삼는다는 점에서 초상권과 일면 유사한 의미를 띤다. 하지만 '소유 감각'은 법률적 영역 바깥에서 '위험의 가능성'과 경험적 차원을 통해 유동적으로 형성된다는 점에서 초상권과는 다르다. 또한 SNS 공간으로 들어가는 유저는 자신의 사진을 수집하고 활용할 권한을 제3자에게 넘겨야 한다. 이런 상황에서 자기사진의 '법률적' 소유권만을 따진다면 촬영자를 위험에 빠뜨리는 불평등한 구조를 포착할 수 없다. 대신 우리는 어떤 사진이 '내 것'임을 인지하는 감각을 만들어낸 사진 교환의 장, 자기사진의 수집가를 체계적으로 생산해내고 방치하는 룰 자체의 위험성에 주목해야 한다.

자기 이미지를 안전하게 소유하려는 움직임은 자기사진을 중심에 둔 연결들 속에서 여성 개개인의 경험을 반영하되 공동의 감각으로 형성된다. '내 사진'을 소유하겠다는 주장은 개인적이며 파편화된 행위로 보이기도 하지만, SNS라는 온라인 장 안에서 집단적인 흐름을 만들어내고 있다. 자기 이미지의 소유는 두 가지 이유로 '사회적'이다. 먼저 촬영자 여성은 피사체로서의 아름다움을 은연중에 또는 명시적으로 강요하는 사회적 압박에 처해 '자연스럽게 예쁜' 자신의 모습을 촬영함으로써 그러한 시선을 반영하고 재생산한다. 다음으로 '내 사진'을 온라인 공간에 올리고 다른 사람들의 사진을 살펴봄으로써 이미지로 구성된 교환 관계에 참여한다. 이때 촬영자 여성은 교환에 따른 위험을 감지하고 '내 이미지'를 소유하려 한다. 두 행위는 각각 '예쁨'의 '수동적'인 재생산과 자기 이미지의 '능동적'인 사수로 읽을 수도 있다. 그러나 이러한 해석은 자기사진을 만들고 공유하는 여성들의 실천을, 능동/수동으로 이분된 개인적 행위로 오해하는 데 그친다. 여성들의 소유 주장이 모순적이라면, 그것은 여성들이 촬영자이자 피사체라는 모순된 사회적 입장 위에서 '내 사진'을 가려내왔기 때문이다.

'내 것'으로서의 자기사진은 인스타그램의 룰을 위반하는 방식으로 작동한다. 인스타그램과 같은 SNS 플랫폼은 인터넷 공간에서 자기사진이 자리할 공간을 마련해냈다. 자기사진의 확산은 여기에 상당 부분 의존한 결과이기도 하다. 그러나 자기사진의 가장 중요한 요건, 즉 촬영자 여성이 부여하는 '내 것'이라는 승인을 인정하지 않는다는 점에서 인스타그램은 촬영자 여성들, 그리고 그들의 자기사진과 근본적으로 충돌하는 입장에 서 있다. 자기사진이 지니는 자기표현의 가능성은 필연적으로 인스타그램과 같은 SNS 플랫폼이 제공한 장 너머에 존재하는 것이다.

내가 만난 여성들 중에는 자신의 '예쁜' 모습만을 사진에 담으려는 사람이 있는가 하면 그런 정형성을 반박하며 일부러 '예쁘지 않은' 자신의 얼굴을 적극적으로 촬영하는 사람도 있다. 이들은 촬영자 여성의 다양한 면면을 구성하되 한 가지 점에서는 동일한 입장을 취한다. 어떤 형태의 자기사진을 찍든 촬영자는 안전하게 자기 모습을 드러낼 수 있어야 한다는 것이다. 우리는 '안전한 방식'으로 사진을 찍고 공유해야만 촬영자 여성이 자기사진의 정당한 소유자가 될 수 있다는 새삼스러운 사실에 주목해야 한다. 자신을 '예쁘고 섹시하게' 연출하는 여성들, 하루에도 몇 장씩 사진을 찍어 지속적으로 업로드하는 여성들, 또는 SNS 계정을 누구나 볼 수 있도록 공개해둔 여성들 역시 자기사진을 온전히 소유할 수 있어야 한다. 사진을 교환하는 장의 안전성은 여성들의 자기사진이 더욱 '자유로운' 형태를 띨 수 있게끔 하는 중요한 밑바탕이기도 하다.

나가며

젊은 여성들이 왜 자기사진을 그토록 예쁘게, 또 열심히
찍는가는 내 오랜 의문이었다. 내 모습을 사진으로 남기지
않는 나로서는 사진을 공들여 찍는 주변 친구들의 모습이
낯설고 어색하다가도, 나처럼 사진을 찍지 않는 누군가가
촬영에 몰두하는 젊은 여성들의 '허영'을 은근히 비꼴
때에는 반감을 내비치기도 했다. 그런데 촬영자 여성에게도
자기사진은 당연하고 자연스러운 것만은 아닌 것 같다.
이들은 종종 자신이나 지인의 사진이 지나치게 과시적인지를
검열하고 뜯어보곤 한다. 여성들의 사진 찍기는 타인은 물론,
사진을 직접 만들어내는 여성 자신에게도 평가의 대상인
셈이다. 여성 촬영자는 사진의 평가자이자 평가 대상으로서
아주 피로한 위치에 놓여 있다.

나는 '수동적인 재생산'의 결과물로 보이는 '예쁘기만 한'
자기사진을 논의의 중심으로 끌어와 그런 이미지들이 지닌
'평범함'을 새로운 시선으로 보고 싶었다. 자기사진이 그토록
보편화한 지금도 20·30대 여성들의 사진 찍기는 유별나게
과시적인 취미로 여겨진다. 사실 이 주제에 천착하기 전에는
나 역시 사진 찍는 여성들이 자기를 경쟁적으로 꾸미고
보여주려 한다고 생각했다. 심지어 '소통'을 위해서 사진을
SNS 계정에 올린다는 주장도 사진 찍기에 대한 쑥스러움을
덮으려는 핑계인 것 같았다. 그러나 촬영자 여성들의
자기재현에는 촬영자 자신 외에도 다른 요소들이 복잡하게
얽혀 있음을 점차 깨달았다. 나는 대화를 거듭할수록
자기사진이 오롯이 여성들의 것인지 의심하게 되었다.
그리고 여성들의 사진을 향해 누구나 쉽게 간섭하고 말을
얻는 상황에서, 자기표현의 가능성이 어떻게 제한되거나
발전하는지를 묻기 시작했다.

[□]

누구나 사진을 찍는 시대에 촬영자 여성들은 자기
이미지를 드디어 확보하였는가? 그들은 자기사진을 자유롭게
찍는 듯해도 '내 사진'을 온전히 소유하지 못하고 있다.

여성들의 자기 이미지는 다른 누군가에게 저당잡혀 있다. 촬영자 여성의 '자연스러운 예쁨'은 남성의 시선을 반영하여 다듬어지며, SNS 공간의 개인 계정에서조차 사진은 촘촘한 검열을 거친 다음에야 업로드된다. 젊은 여성들의 사진은 타인의 시선과 간섭 그리고 수집에서 자유롭지 못한 일종의 공공재처럼 취급되고 있다. 내가 만난 여성들은 한결같이 "내 사진"을 강조하였는데 이 표현은 그들이 '자기만의 사진'을 갖지 못하는 현실을 거꾸로 드러내고 있는 듯 보인다.

'자기만의 사진'을 안전하게 확보하지 못하면서도 여성들은 끈질기게 자기를 촬영하며 자기 이미지를 소유하고자 시도한다. '내 사진'은 촬영자 여성들과의 인터뷰를 진행하면서 가장 많이 나왔던 표현이다. 사진을 SNS에 '공유'하면서도 고집 있게 '내 것'이라 주장하는 모순을 이해하는 데는 노력이 필요했다. 인터뷰를 막 시작한 초기에는 여성들이 어떤 명확한 목적이나 의도를 지니고 사진을 찍고 있다고 오해했고, 촬영의 즐거움이 자기사진으로 인해 겪는 불쾌한 경험을 누를 만큼 큰가보다고 짐작하기도 했다. 그러나 여성들의 촬영은 보다 거시적인 관계를 경유하며 이루어진다. 촬영자 여성은 자기사진을 찍음으로써 스스로의 모습을 남길 뿐만 아니라 다른 사람들, 그리고 기술과 관계 맺는다. 언어나 문자가 아닌 사진을 중심으로 한 그 관계는 즐거움뿐 아니라 불쾌감도 줄 수 있는 관계, 하지만 한번 속하면 쉽사리 끊어낼 수 없는 일상의 관계이다.

사진 찍기에는 촬영자의 여러 계산과 전략이 녹아들어가 있지만 그게 전부는 아니다. 촬영은 개개인의 산발적인 실천이자 관습이다. 젊은 여성들은 각종 기술과 사람들로 이루어진 공동의 경험, '자기사진 촬영'에 습관적으로 참여한다. "사진 찍는 데 별 의미는 없다"는 한 참여자의 고백은 실제로 그들의 촬영이 무의미하다는 것이 아니라 "뚜렷한 의식과 목적 없이" 자기사진을 계속 찍는 것 역시 능동적인 문화적 실천으로 볼 수 있음을 뜻한다.

이야기를 나누며 가장 흥미로웠던 지점은, 촬영자 여성들이 '내 사진'을 찍고 업로드하는 과정을 설명하면서 계속해서 타인의 존재를 끄집어냈다는 사실이다. 이들은 자신의 감성이나 욕구뿐 아니라 주변의 관계들로 인해 '자기사진 촬영'이 지속될 수 있다는 점을 내게 가르쳐주었다. 촬영자 여성들은 다른 사람들 그리고 기술과 함께 독특한 촬영의 세계 속에서 살아간다. 그 속에서 자기 자랑과 관계 맺기의 즐거움을 만끽하는 한편, 불쾌하게도 자기 이미지를 '수집당하는' 상황에 그때마다의 전략으로 대처해야 한다. 이러한 경험은 '능동적인 실천'이나 '수동적인 재생산'의 이분법으로 갈라 볼 수 없다.

안전하지 못한 교환의 장에서 여성들의 자기사진은 여성들의 소유로 남지 못한다. '자기만의 사진'이 어쩌면 관념으로만 존재하는 듯 보이는 상황에서 '나'의 이미지에 걸맞은 권리를 어떻게 주장할 것인가? 촬영자 여성 외에도 여러 '수집가'들이 여성의 이미지를 두고 자신의 '볼 권리'와 '가질 권리'를 주장하고 있다. 실제로 여성들의 자기사진이 인간관계를 맺는 매개물로 SNS 공간에서 끊임없이 타인의 사진과 '교환'되고 있음을 감안하면, 개인의 모습을 담고 있는 사진조차 온전히 한 사람의 소유물로 남기란 어려울지 모른다. 그러나 촬영자 여성들은 단순히 사전적 의미의 배타적인 소유가 아니라, 안전하게 사진을 '교환'할 권리를 주장한다. 개인적인 사진을 찍고 소유할 기술 조건이 이미 오래전 완성되었는데도 여성들은 자기사진을 '내 것'으로 만들기 위해 아직도 고군분투하고 있다. 이들이 '내 사진'을 만들고 통제하려는 과정 내내 다른 행위자들은 계속해서 간섭하고 개입한다.

[ㅁ]

왜 자기사진을 찍는지를 질문하며 촬영자 여성들을 만나기 시작했지만, 나중으로 갈수록 나는 왜 자기사진을 찍지 않는지를 거꾸로 묻게 되었다. 아마 내 이미지를 두고 피로한 '소유 경쟁'을 벌이고 싶지 않았기 때문이 아니었을까? '촬영의 세계'는 비교적 쉽게 진입할 수 있을지 모르나, 한번 들어간 뒤로는 다른 행위자들과의 줄다리기에 용기를 갖고 임해야 한다. 어떤 모습의 사진을 찍든 촬영자 여성들이 그러한 관계에서 분명한 우위를 점하길 나는 바란다.

1장 '나'를 찍는 여자들은 나르시시스트인가

1. 관련 연구로는 다음을 참고할 것. 이종윤·홍장선·윤주현 2013; 신상기 2014; 안서연·김정현 2016.

2. 500명을 대상으로 한 설문조사 결과에 따르면, 하루 5시간 이상 스마트폰을 사용하는 여자 대학생은 57퍼센트로, 남자 대학생(34%)·여자 직장인(20대 46%·30대 42%)·남자 직장인(20대 42%·30대 30%)보다 높다. 설문 집단은 여성과 남성으로 구분된 대학생·20대 직장인·30대 직장인·40대 직장인으로 구성된다. 여자 대학생들은 타 성별·연령대에 비교했을 때 의사소통(92%, 평균 89.2%)과 사진 찍기(74%, 평균 65.8%) 목적으로 스마트폰을 활용하는 경우가 많았다. 답변 중 학업/업무 역시 평균(48.2%)에 비해 높게 나타나나(54%) 이는 남자 대학생의 경우(55%)와 엇비슷한 정도이다. 반면 남자 대학생의 경우, 사진 찍기는 49퍼센트로 평균에 비해 한참 낮았다. 한편 SNS 사용 평균은 52.4퍼센트이며, 여자·남자 대학생의 답변율은 각각 56퍼센트·55퍼센트로 비슷하게 나타났다. SNS를 답변으로 가장 많이 택한 집단은 20대 여성·남성

직장인이다(각각 60%). 스마트폰에 내장된 기능 가운데 카메라 애플리케이션을 주로 사용한다는 답변 역시 남성보다는 여성이 높았다. 자세한 내용은 이용숙·이수현(2019: 216-221)을 참고할 것.

3. 김경화 2017.

4. 관련 연구로는 다음을 참고할 것. 신상기 2014; 안서연·김정현 2016.

5. 손택 2005.

6. 버거 2012.

7. Mulvey 1989.

8. 버거 2012; Mulvey 1989.

9. Yanni 1990.

10. 이경민 2005, 2008; 이영아 2011.

11. 박찬효 2020.

12. 대중매체에서의 여성 재현에 대한 연구는 여러 분야에서 이루어졌다. 이 책에서는 대중매체에서 여성이 어떤 모습과 성격으로 재현되는지 분석한 연구들(이명선 2003; 서지영 2006; 전미경 2007; 정민아 2014; 조유경 2016; 박찬효 2020), 그리고 당시의 신문기사를 주로 참고하였다. 사진으로 재현되는 여성의 몸과 얼굴은 당대의 젠더 규범을 반영하면서 전형화된 여성상의 계보를 형성해낸다. 그러한 여성 재현의 계보가 지속되고 변형되는 과정과, 여성이 카메라를 쥐고 스스로의 모습을 찍어내는 사진들은 완전히 분리되지는 않는 한에서 각자의 영역을 유지하며 전개된다. 특히 김주희의 연구(2019)는 시기를 달리하며 재현된 여성 이미지가 처한 사회적 조건들을 짚어낸다는 점에서 유의미한 참조점이 된다. 그는 1980년대에서 2010년대 이후에 이르기까지 구체적인 사건들을 토대로, 한국사회의 국가주의적·가부장적 이해관계 아래 여성들이 남성의 보조 또는 장식적인 요소로 묘사되어왔음을 보여준다.

13. 홍성욱 1999: 256-264.

14. 손택 2005: 24-26.

15. 레슬리 2018: 45; Van Dijck 2008.

16. 부르디외 1989: 12.

17. 위의 책.

18. 벤야민 2007: 50, 184.

19. 주형일 2005: 46-48.

20. 김경화 2017.

21. 위의 글.

22. 부르디외 1989.

23. 위의 책: 26-31.

24. 위의 책: 40.

25. 이 시기에 대한 자세한 설명으로 김지효(2023)를 참고할 것.

26. 김지영·주형일 2014.

27. 김지효 2020.

2장 피사체에서 일상의 촬영자까지

1. 개항 전후에 여성을 피사체 삼은 사진들은 일상 사진보다도
    대중매체에서 많이 확인된다. 이때부터 현대에 이르기까지 한국사회에서
    사진의 활용 범위와 종류는 상당히 증가했다. 이 장에서는 일상 사진이
    보편화되지 않은 시기에 초점을 맞추었으므로, 보도자료나 광고 사진을
    비롯한 다른 종류의 사진들과 명확히 구분되는 범위에서 일상 사진을
    다루기는 어려웠다. 대신 이후 보편화할 일상적 촬영의 토대가 되었을
    당시의 사회문화적 분위기나 요건들을 살펴보는 데 주안점을 두고
    기존 연구들을 적극적으로 활용했다. 또 하나 짚고 넘어가야 할 점은,
    사진에 담긴 당시 한국인들의 사회적·경제적 계층과 요건이 상당히
    다양했으리라는 사실이다. 계층과 지위에 따라 사진이 어떻게
    경험되는지 이 책에서는 세세히 살펴보지 못했지만, 경성을 중심으로
    새롭게 형성된 도시적 분위기와, 공공의 장에서 비가시적인 존재였던
    여성들이 일부나마 '개인'으로 이름 붙여지기 시작한 변화가 사진 촬영과
    분명히 맞물리는 현상은 충분히 관찰 가능하다.

2. 이와 관련해서 다음과 같은 기사 내용을 확인할 수 있다. "경성부 관철동 75번지 이홍경 여사는 자기 집에서 3년 동안 사진술을 연구한 결과 초상화를 정미하게 영하는 묘법을 습득하여 21일부터 사진업을 개업한다는데, 그 사진촬영에 사용하는 렌즈는 유명한 '젯사'를 사용한다 하며 경성에 부인사진관 개업은 이홍경 여사가 처음이라더라." 《조선일보》, 1921, 「부인사진관, 부인사진사로는 이홍경 씨가 처음, 경성부 관철동」, 5월 22일(이경민 2007: 46에서 재인용). 이홍경 이전에도 여성 사진사의 존재가 기록으로 남아 있다. 1907년 경성에 개업한 천연당사진관의 향원당(香園堂)이 그 경우다. 자세한 내용은 다음 기사를 참고할 것. 《조선일보》, 2021, 「[모던 경성] 100년전 여성 사진가가 찍은 '산소같은 그녀'」, 10월 23일.

3. 허재우 2002: 98-99.

4. 사진사 지망생은 오랜 시간 스승의 밑에서 노동력을 제공하면서 지식과 기술을 전수받아야 했다. 도제 업무는 "촬영장의 마루 청소와 사진 수세작업"으로 시작하고, "수정이라든가 촬영, 암실 작업 등"은 "자기가 눈치껏 알아서 배우는 것"을 포함했다. 이러한 경향은 당시 사진술 교육이 "인간관계가 가장 중요한 문제"로 여겨지는 매우 폐쇄적인 분위기 내에서 이루어졌음을 보여준다(허재우 2002: 91-92).

5. 기생 이미지의 재현에 대한 보다 자세한 논의는 다음 연구를 참조할 것. 김경리(2017), 이경민(2005, 2008).

6. 전미경(2007)은 1930년대를 전후하여 발간되어 주로 여성과 가족을 다룬 잡지들, 즉 《신여성(新女性)》(1923~1934), 《별건곤(別乾坤)》(1926~1934), 《여성(女性)》(1936~1940)의 가족담론과 '가정탐방기'를 분석했다. 가정탐방기는 "기자가 신가정을 탐방한다는 목적으로 유명인의 가정을 찾아가서 그들의 가정생활을 인터뷰한 글"이다. 기사에 포함된 인터뷰 대상자(여성)의 사진은 처음에 조그만 얼굴 사진이 많았으나, 후기로 갈수록 어머니가 자녀를 안고 있는 모자녀 사진과 가족사진으로 바뀌었다. 실제로 전형적인 신가정으로 살아갈 수 있는 여건을 갖춘 집은 많지 않았지만 적지 않은 사람들이 이와 같은 가족의 모습과 생활을

동경했다(전미경 2007: 103).

7. 《동아일보》, 1935, 「처녀 때 사진이 문제 작부(酌婦)로 전환한 소부(少婦)」, 3월 21일.

8. 신여성과도 혼동되는 이들은 당시 소수였던 전문직 여성군을 형성해 활동하며, 초기 대중매체에서부터 지적인 여성들이자 "동경의 대상, 또는 서양식 문화를 향유하는 자유주의적인 여성들"로 비추어진다(서지영 2006: 200-205; 조유경 2016: 233).

9. 서지영 2006: 204-205.

10. 《동아일보》, 1927, 「휴지통」, 7월 12일.

11. 기사 중에는 모던걸의 출현을 구실로 '모던'이란 무엇인지 문답하거나, 단발머리나 의복 등 모던걸들의 차림 또는 여가생활을 다루는 내용이 많다. 구체적인 기사는 다음을 참고할 것. 《동아일보》, 1929, 「조선여자의 십년간 의복속발화장(衣服束髮化粧)의 변화」, 1월 1일; _____, 1929, 「[모던]남녀」, 1월 20일; _____, 1929, 「가두(街頭)로 나오는 조선여성」, 3월 18일.

12. 《동아일보》, 1929, 「불량소녀」, 1월 25일.

13. 이명선 2003: 10-11.

14. 서지영 2006: 209.

15. 이들은 "개인주의와 미영식 퇴폐적 자유주의"에 젖어든 여성들로 강력하게 비판되며, 그 반대편에 국가를 위해 노동하고 절약하는 '총후(銃後) 부인' 또는 '모금에 힘쓰는 여학생'의 이미지가 장려할 만한 것으로 배치된다(조유경 2016: 236-245).

16. 구체적인 사례는 이경민(2005: 51)을 참조할 것.

17. 《동아일보》에서 「돈벌이하는 여자직업탐방기」가 1928년 2월 25일부터 같은 해 3월 21일까지 22회에 걸쳐 연재되었으며, 전화교환수·간호부·여공·행랑어멈·카페 종업원·유모·기생·재봉사·교원·보모·산파 등의 직업을 소개했다. 행랑어멈이나 산파와 같이 비교적 이색적이지 않은 직업을 다룬 경우는 기사에 사진이 첨부되지 않아 아쉽다. 카페 종업원을 비롯한 서비스직을 소개하는 편에서는 해당 "직업여성"의 순결에

대해 긴 지면을 할애하고 있기도 하다. 이 책에서는 사진이 실린 기사(전화교환수·여공·카페 종업원)와 "뻐스껄"을 다룬 다른 기사를 중심으로 살펴보았다.

18. 예컨대 간호부를 다룬 편에서는 "소의(素衣) 소복(素服)에 순결이 넘치는 구호의 여신", "자애의 표징(表徵)", "입원환자 앞에 고요히 무릅꿀코 안즌 …… 천사" 등의 수사로 해당 직업을 보조적인 돌봄 노동에 국한시키고 있다. 같은 맥락에서 "의사는 지위상 간호부의 위에" 있다는 설명도 등장한다. 해당 기사는 간호부의 인터뷰를 직접 실어 고된 노동환경을 비판하기도 하지만, 결국 간호부들을 "굴종"과 "성적 희롱"을 겪는 "눈물의 여신"으로 묘사함으로써 마무리한다(《동아일보》, 1928, 「돈벌이하는 여자직업탐방기(4) 소의(素衣) 소복(素服)에 순결이 넘치는 구호의 여신 간호부 <상(上)>」, 2월 27일).

19. 《동아일보》, 1929, 「여성의 직업과 남성의 직업」, 3월 1일.

20. 《동아일보》, 1931, 「경제상으로 풍족지 못한 직업부인의 사치는 잘못」, 10월 11일.

21. 《동아일보》, 1928, 「돈벌이하는 여자직업탐방기(9) 새로 살길을 발견한 듯 덤비는 『카페』의 『웨트레쓰』 설음 <상(上)>」, 3월 4일; _____, 1928, 「돈벌이하는 여자직업탐방기(10) 새로 살길을 발견한 듯 덤비는 『카페』의 『웨트레쓰』 설음 <하(下)>」, 3월 5일.

22. 《동아일보》, 1928, 「돈벌이하는 여자직업탐방기(1) 『하이하이, 난방』이 입버릇된 교환수 아가씨의 설음 <상(上)>」, 2월 25일; _____, 1928, 「돈벌이하는 여자직업탐방기(2) 『하이하이, 난방』이 입버릇된 교환수 아가씨의 설음 <하(下)>」, 2월 26일.

23. 《동아일보》, 1928, 「돈벌이하는 여자직업탐방기(5) 햇빛도 변변히 쏘일 수 업는 어린녀자직공생활 <상(上)>」, 2월 29일.

24. 《동아일보》, 1928, 「조선여성의 새 직업; 가두(街頭)에서 분투하게 된 뻐스껄의 설음」, 4월 25일.

25. 관련 기사는 다음을 참고할 것. 《동아일보》, 1970, 「카메라 필수도(必需度) 늘어」, 5월 27일; 《매일경제》, 1970, 「생활대학 제9회 본사주최」, 5월 20일.

26. 《동아일보》, 1961, 「가정주부도 『카메라』를」, 8월 21일; 《경향신문》, 1981, 「초보자를 위한 카메라 선택과 조작법; 뜻 깊은 순간을 한 장의 필름에…」, 3월 6일.

27. 《동아일보》, 1981, 「취미교실 카메라 강좌 ⑮」, 10월 28일.

28. 《동아일보》, 1981, 「취미교실 카메라 강좌 ①」, 9월 7일.

29. 《경향신문》, 1961, 「12월의 가정」, 12월 6일.

30. 신문기사에서 주부들이 가정 내 촬영자로 지목되는 경우는 빈번하지만, 남편이 출타할 경우를 제외하고 남편보다 카메라를 많이 점하는 주부는 보기 어려웠다. 마찬가지로 어느 기사에서도 신혼부부를 대상으로 신혼여행 준비물을 나열하면서 카메라를 "남성의 준비물"로 분류한다. 반면 "여성의 준비물"은 "슬랙스와 스웨터, 속옷과 스타킹, 세면도구, 화장품셋트, 생리용품, 실바늘셋트, 스카프, 휴지, 헤어드라이어, 빗, 우산, 수건 등"이다(《경향신문》, 1986, 「'86결혼대행진」, 3월 13일).

31. 《동아일보》, 1961, 「가정주부도 『카메라』를」, 8월 21일.

32. 《매일경제》, 1968, 「새로운 『레크리에이션』…「홈무비」」, 10월 15일; _____, 1970, 「생활대학 제9회 본사주최」, 5월 20일; 《경향신문》, 1979, 「열기 더해가는 잠실 신천국교(新川國校)의 주부취미강좌—어머니들이 우리 교실서 배운다」, 7월 6일; 《매일경제》, 1981, 「미니인터뷰: 국내최초 판타지사진전 열어」, 7월 14일; _____, 1982, 「주부 사진교실」, 9월 7일.

33. 《동아일보》, 1967, 「여가 선용(善用) 클럽 (8)카메라 클럽」, 3월 2일.

34. 관련 기사는 다음을 참고할 것. 《동아일보》, 1970, 「주부들 솜씨 겨룸; 세전시회」, 5월 19일; 《경향신문》, 1983, 「카메라에 담은 일상의 정감」, 10월 19일.

35. 《경향신문》, 1983, 「카메라에 담은 일상의 정감」, 10월 19일.

36. 《매일경제》, 1967, 「계절 따라 경기(景氣) 따라 <완(完)> 카메라」, 3월 20일.

37. 《경향신문》, 1988, 「「88」 10대 인기상품; 소형카메라·호돌이 인형 포함」, 12월 17일.

38. 사실 가정마다 가전기기를 구비해두려는 움직임은, 풍요로운 가정의 자유로운 소비 행위보다는 중산층 생활을 모방하는 소비 경향에

가까웠다. 박해천(2011)에 따르면 1970년대 후반부터 서울에 대거 건설된 중소형 아파트의 내부는 "하이테크의 분위기"를 풍기도록 꾸미는 것이 유행이었다. 그 중심에 배치된 스테레오 텔레비전 세트 즉 텔레비전, 비디오플레이어, 오디오에 더해 카메라와 비디오카메라도 중산층다운 소비 생활을 구성하는 품목으로 들어갔던 것이다. 관련된 다른 내용으로 박해천(2013)을 참고할 것.

39. 1990년 기준으로 서울의 짜장면 값은 1200원, '설렁탕과 갈비탕, 비빔밥 등 대중음식'은 2500~2700원 정도였다(《경향신문》, 1990, 「자장면 1000→1200원 이용료 5500→7000원; 서비스료 인상 러시」, 4월 9일).

40. 카메라 간이세율은 시기에 따라 조정되어 달리 적용되었지만, 1988년 4월부터 일부 카메라가 수입자유화 품목에 들어갔으며 12월부터는 30만 원 이하의 카메라도 반입 시 관세를 면제받을 수 있었다. 그러나 공항에서는 여전히 "사치품"으로 분류되어 엄격한 규제를 받는 등 완전히 자유롭게 반입할 수 있던 것은 아니며, 1990년에 들어서도 마찬가지였다(《경향신문》, 1988, 「1천억 카메라 시장을 잡아라」, 5월 3일; 《한겨레》, 1988, 「해외여행자 휴대품 14종 구입가 30만 원 이하 면세」, 11월 24일; 《매일경제》, 1989, 「김포 세관검사 대폭강화 사치품반입 규제」, 10월 28일).

41. 《매일경제》, 1982, 「컴팩트카메라 국산화 추진」, 4월 10일; 《경향신문》, 1992, 「국산카메라 「중급」에 승부수」, 6월 10일. 국내 기업에서 고급 카메라도 함께 생산하기는 했지만, 무엇보다도 국내시장에서 외제 고급 카메라를 밀어내고 점유율을 높이는 것을 급선무로 삼았다(《매일경제》, 1982, 「카메라 국산화율 80% 목표」, 1월 14일).

42. 《경향신문》, 1992, 「국산카메라 「중급」에 승부수」, 6월 10일.

43. 《경향신문》, 1990, 「코닥·후지·아그파 수입필름업계 「3웅할거(雄割據)」」, 4월 11일.

44. 1992년의 농림수산부 조사에 의하면 농촌 지역에서 컬러TV와 냉장고, 전화가 100%를 넘는 보급률을 기록한 데 비해 카메라는 26.7%에 그쳤다(《경향신문》, 1992, 「농가 49%가 연소득 천만~2천만 원」, 5월 9일).

45. 카메라나 텔레비전 등 가전기기를 빌려주는 생활용품 대여점은 1990년

초반 들어 서울을 중심으로 상당히 성업했으며, 전화로 주문하면 무료로 물건을 갖다주는 서비스도 실시할 정도였다(《동아일보》, 1992, 「장난감에서 비디오카메라까지 "생활용품 빌려 줍니다"」, 8월 21일).

46. 《매일경제》, 1990, 「일회용품 전성시대」, 10월 6일; ____, 1991, 「일회용 카메라」, 10월 14일; ____, 1994, 「손쉽고 편리한 1회용 카메라」, 10월 · 23일.

47. 《동아일보》, 1989, 「다양화사회(33) "품질보다 맵시"… 「감성소비」 시대」, 12월 2일.

48. 《동아일보》, 1993, 「「화목한 분위기」 그림같이 연출; 가족사진 찍기 번져간다」, 4월 26일.

49. 《매일경제》, 1997, 「김대중 대통령 당선자 경제공약 "금융실명제 유보로 경제 활력"」, 12월 22일.

50. 《동아일보》, 1986, 「첨단과학시대 김정흠 칼럼<87> 개인 컴퓨터 통신」, 10월 22일.

51. 《경향신문》, 1994, 「정보화시대 하이테크 물결(4) 국제컴퓨터통신망 「인터넷」」, 5월 13일. 한국통신은 학계 및 연구기관 일부에 한해 인터넷 서비스를 제공하다가 1994년 6월 말에 '한국인터넷(KORNET)'이란 이름으로 일반기업과 개인에게도 본격적인 상용서비스를 시작했다(《매일경제》, 1994, 「한국통신 「인터넷 서비스」 상용화 1개월…예상 밖 가입폭주」, 7월 29일). 한편 또 다른 통신사인 데이콤도 같은 해 10월부터 천리안을 통해 인터넷 서비스를 시작했으며, 중소기업 아이네트기술도 나우콤의 컴퓨터 통신망인 나우누리를 통해 '한누리'라는 이름으로 11월 서비스를 개시했다(《매일경제》, 1994, 「「정보의 보고」 인터넷 인기폭발; 이용현황 및 서비스 내용」, 11월 4일).

52. 1996년에 이르러 이러한 전자 기기 및 저장 매체가 소비자물가지수 조사품목에 새로이 추가되기도 했다. 기사에서 조사 품목에 새로 추가된, "정보통신시대를 대표하는 품목"으로 소개한 제품들은 비디오카메라·콤팩트디스크·휴대용 전화기·무선호출기·PC통신 이용비 등이다. 같은 시기에 "신세대 기호에 맞는 식료품", 즉

핫도그·피자·생수·수입 양주·키위·오렌지 등도 조사품목에
더해졌다(《동아일보》, 1996, 「물가지수 조사품목 정보통신·신세대제품 대폭 추가」, 1월 26일).

53. 《매일경제》, 1996, 「디지털가전 다기능·소형화로 생활 대변화」, 1월 4일.

54. 1996년 1월의 한 신문기사에 따르면 기존 필름 카메라와 비슷한 해상도 수준으로 촬영이 가능한 디지털카메라는 2천만 원에 달했으며, 보급형 기기로 찍은 사진은 아직 흐릿하게 나오는 수준이었다. 같은 기사에서 기존 필름 카메라와 같은 해상도는 600만 픽셀 정도로 소개되고 있고, 보급형의 경우는 25만~40만 픽셀이다. 게다가 사진을 직접 출력하려면 1천만 원 상당의 디지털 프린터를 갖춰야 했으므로 개인이 디지털카메라를 자유롭게 다루기에는 한계가 있었다(《동아일보》, 1996, 「눈감은 채 찍힌 사진 눈뜨게 할 수 있다」, 1월 27일).

55. 《경향신문》, 1997, 「디지털카메라 대중화 '눈앞'」, 4월 5일.

56. 《매일경제》, 1994, 「시간·거리 장벽 제거 현실로; 멀티시대의 산업과 생활」, 8월 19일.

57. 《동아일보》, 1998, 「신혼 짜릿한 순간 달콤한 추억 "CD롬에 차곡차곡"」, 4월 17일.

58. 《동아일보》, 1998, 「사진합성 '디지털앨범' 만든다」, 7월 30일.

59. 《경향신문》, 1997, 「어린이 성장과정 CD에」, 2월 4일.

60. 《동아일보》, 1998, 「신혼 짜릿한 순간 달콤한 추억 "CD롬에 차곡차곡"」, 4월 17일.

61. 《동아일보》, 1998, 「사진합성 '디지털 앨범' 만든다」, 7월 30일.

62. 《매일경제》, 1967, 「우리집 살림살이(1)」, 6월 6일.

63. 《매일경제》, 1984, 「사회 활동으로 생긴 스트레스 이렇게 푼다」, 11월 14일.

64. 《동아일보》, 1989, 「국민학생 개학준비 규칙적인 생활습관 되찾도록」, 8월 16일.

65. 《한겨레》, 1992, 「아버지가 가정으로 돌아오고 있다(7) '좋은 아버지상' 받은 경찰관 한진구 씨 치안격무 틈 쪼개 가족과 함께」, 12월 14일.

66. 관련 기사는 다음을 참고할 것. 《경향신문》, 1994, 「TV가 PC 속에…」, 9월 24일; 《동아일보》, 1997, 「필름없이 찍고 컴퓨터에 저장하고 TV로 사진 본다; 디지털카메라」, 7월 9일; 《매일경제》, 1999, 「"영상은 PC에 담고 인쇄는 내손으로" 프린터·스캐너 이젠 필수」, 1월 29일.

67. 앨범을 직접 정리하는 남성의 이미지는 다음과 같은 설명과도 관련이 있다. 박찬효(2020)는 한국의 외환위기 이후 경제적 상황이 악화되면서 보다 가정적이고 친숙한 성격의 남성성을 중심으로 새로운 가족 이데올로기가 구성되었다고 지적한다. 여기서 새로운 남성성은 자녀의 모습을 촬영하고 앨범으로 남기는 아버지의 모습과 무관하지 않다. 이러한 기사들에서 '기술에 능숙한 신세대'는 주로 남성의 모습으로 나타났으며, 전자 기기나 소프트웨어의 조작 또한 남성적인 이미지를 띠고 있었다.

68. 《동아일보》, 1996, 「홈 소프트웨어 "보다 편리하고 다양하게"」, 4월 2일.

69. 《동아일보》, 2002, 「[정보통신]디지털 카메라 100% 즐기기」, 5월 13일.

70. 이 시기 포털사이트의 온라인 앨범 기능을 이용해 사진을 '폼나게' 정리하고 외부에 쉽게 공유하는 사람들이 늘었다. 디지털 사진을 직접 인화하여 집으로 배송주는 온라인 사진관도 등장하기 시작했다(《동아일보》, 2002, 「[정보통신]디지털 사진, 실물사진으로 감동 재현」, 8월 28일).

71. 《동아일보》, 2002, 「[정보통신]디지털 카메라 100% 즐기기」, 5월 13일.

72. 《동아일보》, 2002, 「[인터넷]IT제품 동호회사이트 인기비결」, 8월 21일.

73. 《문화일보》, 2003, 「영상이 세상을 지배한다」, 1월 9일.

74. 《매일경제》, 2003, 「[매경IT월드]'디카'로 나만의 세상 꾸민다」, 4월 28일.

75. 《매일경제》, 2007, 「NHN등 포털사이트에 악플·음란물 줄지 않네」, 8월 3일.

76. 다른 방식으로 디시인사이드가 누드 사진에 친연성을 보여온 것도 누락되어서는 안 될 지점이다. 이는 디시인사이드가 여성의 몸을 성적으로 소비하는 디지털 이미지와 맺는 오랜 관계의 일면을 반영한다 (《동아일보》, 2004, 「누드 사진 찍어 보실래요… 동아닷컴, '누드 출사대회'」, 4월 20일; 《국민일보》, 2006, 「무서운 '인터넷 마초'… 여성 관련 이슈에 성 비하 글 도배」, 6월

8일).

77. 이길호, 2012.

78. 디시인사이드는 상당히 큰 규모의 인터넷 커뮤니티로 그 내부에서
공유되는 디지털 이미지나 게시물의 성격을 단순하게 한 가지로 정의하기
어려움을 밝혀둔다. 디시인사이드에는 사용자들의 셀카나 가족사진
등도 많이 올라왔으며 같은 시기에 유행한 싸이월드와 디시인사이드의
사용자들을 명확히 여성과 남성으로 가를 수 있는 것도 아니다. 따라서
두 공간에서 사진을 업로드하고 공유하는 활동이 완전히 다른 방식으로
이루어졌다고 보기는 어렵다. 다만 복잡다단한 활동의 거점이 되었을 두
인터넷 커뮤니티에서 디지털 이미지, 특히 여성 이미지가 전유되는 방식은
상이하게 성별화한 경향이 드러난다. 디시인사이드에서 여성 사진이 일종의
재화로 유통되기 시작한 흐름도 이를 잘 보여준다.

79. 《한겨레》, 1995, 「PC통신 음란물범람 다함께 감시 나서야」, 1월 15일.

80. 1990년대 후반에 이르러 사회적 문제로 가시화된 인터넷 '음란물'에
대해서는 다음 기사를 참고할 것. 《경향신문》, 1999, 「PC음란물 자녀
호기심 '대화로 풀라'」, 9월 21일; 《동아일보》, 1999, 「교육PC음란물
무방비 "교실서 점심시간 O양 비디오 봤어요"」, 11월 9일. '음란물' 유통에
대한 처벌 명목은 '음반 및 비디오물에 관한 법률위반', 또는 '화상
대화방'의 경우 '윤락행위 방지법 위반' 등이 확인된다. 관련 기사는
다음을 참고할 것. 《동아일보》, 1996, 「PC통신 음란물판매 대학생 등 5명
구속」, 8월 28일; 《국민일보》, 2000, 「CCTV '알몸유혹' 윤락 화상대화방」,
12월 26일.

81. 《동아일보》, 1997, 「「몰래카메라」 주택가까지」, 11월 17일.

82. 청소년들이 성관계 장면을 촬영하여 그 비디오테이프를 유통한
'빨간마후라 사건'(1997)이 일으킨 파장은 그러한 흐름을 뚜렷이
보여준다(《경향신문》, 1997, 「어차피 막가는 인생 큰 죄 될 줄은 몰랐다」, 7월 15일).

83. 《동아일보》, 1991, 「대학생 배낭여행 7천여 명 유럽 「유랑」」, 8월 9일.

84. 《한겨레》, 1993, 「청소년 '연예인 신드롬' 열병」, 8월 30일.

85. 《동아일보》, 1996, 「인터넷으로 나를 알린다」, 12월 24일.

86. 《동아일보》, 2002, 「[정보통신]카메라폰 하나면 통화-사진 척척」, 5월 20일.

87. 《한겨레21》 제518호, 2004, 「싸이월드, 인터넷 역사를 다시 쓰다」, 7월 14일.

88. 《매일경제》, 2004, 「[디지털카메라]머리 45도 기울이고 눈은 크게」, 2월 16일.

89. '얼짱'은 '얼굴 짱'의 약어이자 얼굴이 예쁘거나 잘생긴 사람을 가리키는 신조어로 2000년대 인기를 끌었다. 다음 기사에서는 '얼짱 신드롬'이 인터넷 시대에 등장한 이미지 소비문화와 함께 "스타가 되고 싶은 욕망의 대리만족"을 대변한다고 지적한다(《경향신문》, 2003, 「[시론]'얼짱 신드롬' 바로보기」, 11월 6일).

90. 《경향신문》, 2003, 「사이버 스타 개벽이·광녀…반짝 등장 인기몰이」, 10월 20일; _____, 2003, 「[기획]1년동안 완전히 떴다 '얼짱·몸짱'」, 12월 22일; 《매일경제》, 2003, 「이젠 스포츠 스타도 '미인시대'」, 11월 6일.

91. 《경향신문》, 2004, 「[커버스토리]발자국 따라왔어요~ 이웃삼고 갑니다」, 4월 22일; _____, 2004, 「블로그·미니홈피 새 홍보도구」, 8월 1일.

92. 《한겨레21》 제518호, 2004, 「노출하고픈, 멋지게 노출하고픈!」, 7월 14일.

93. 《동아일보》, 2009, 「[동아 오프블로그]디지털카메라-TV가 '성형'해 드립니다」, 4월 7일.

94. 사진 촬영 및 복제물 유포와 관련한 성폭력처벌법 제13·14조는 최근에 이르기까지 여러 차례 개정되었음에도 불구하고 갈수록 교묘해지는 불법촬영물의 제작 및 유포를 실질적으로 통제하기엔 역부족이며, 불법촬영의 피해자에게 적절한 보호도 제공하지 못하고 있다(한국사이버성폭력대응센터 2019: 9·21).

95. 유서연 2021: 41.

96. 《동아일보》, 2009, 「인터넷에 왜 이리 □□녀가 많아?」, 10월 7일.

97. 《국민일보》, 2004, 「'인터넷 파파라치' 조심!…'내 홈피 수영복 사진이 음란사이트에…'」, 12월 21일.

98. 《국민일보》, 2001, 「[여울목]성관계 몰카 찍힌 20대 경악」, 2월 6일.

3장 예쁘게, 그러면서도 자연스럽게 '나'를 찍기

1. 버거 2012: 53-56.
2. 위의 책: 66.
3. 김지효는 20대 페미니스트 여성들의 '인생 사진' 찍기 문화를 다루며 다음과 같이 지적했다. '셀기꾼'이나 '프사기꾼(프로필 사진 사기꾼)'은 '원래부터 아름답지 않은 여성들'을 일컫는 단어로, 선천적인 아름다움을 지닌 '원본미인'의 대척점에 있다. 이러한 대조적 구조는 여성의 아름다움을 더욱 강화된 기준 아래 평가되도록 만든다는 것이다(김지효 2020: 57).

4장 자기사진의 안전과 공포

1. 피처폰으로 찍은 사진에 대한 애틋한 감정은 싸이월드에 대한 소회와 겹치기도 한다. 한때 선풍적인 인기를 끌던 싸이월드가 2020년 5월 서비스를 중단하면서 미니홈피 사진첩에서 사진을 옮겨온 사용자들이 많았다(《시사IN》 제667호, 2020, 「잘 있거라, '더 이상 내 것이 아닌' 싸이월드야」, 6월 26일).
2. 《시사IN》, 제655호, 2020, 「디지털 성범죄는 '협업적 성착취'」, 4월 6일.
3. 《국민일보》, 2020, 「[n번방 추적기①] 텔레그램에 강간노예들이 있다」, 3월 9일.
4. 벤야민 2007: 184.
5. 위의 책: 190-194.
6. 수전 손택 또한 같은 맥락에서 사진 촬영을 공격성을 띤 적극적인 소유 행위로 보았다. 관련된 논의는 손택(2005)의 첫 장, "플라톤의 동굴에서"를 참조할 것.

1. 김미영·김지희 2018: 100-101.

2. 안서연·김정현 2016: 92-93.

3. 김지효 2021: 135-136.

4. 이 점은 김지효(2021)도 마찬가지로 지적한 바 있다. 이에 따르면 여성들의
   경우 관리해야 할 '평판'의 범위는 '예쁘거나 귀여운', 즉 '사회적으로
   적절한 모습의' 외모를 연출하는 것까지 포함한다.

5. 여기에서 중요한 이론적 기반은 사회학자 어빙 고프먼(Erving Goffman)이
   전개한 사회적이며 일상적인 자기 연출에 대한 개념이다. 고프먼에
   따르면 개인은 자신의 사회적 지위와 입지에 맞게 겉모습과 몸가짐을
   연출한다. 즉 사회적 행위는 '사회적 앞무대'에서 남들을 의식하여 자신을
   보여주는 연극 공연과 같으며, 각 개인은 그러한 연출을 통해 사회에서
   공식적으로 인정된 가치를 부각해 입증하고자 한다(고프먼 2016).

6. 인스타그램에서 팔로워가 몇 명이어야 유명인으로 볼 수 있는가에
   대해서는 연구참여자마다 다른 기준을 제시했다. 황은하와 달리 천 명대
   이상이어야 많은 정도로 볼 수 있다는 의견도 있었다.

7. 당연하게도 이것은 페미니스트로 자임하는 여성들이 평범하지 않다는
   의미가 아니다. 탈코르셋 실천의 참여 여부를 기준으로 젊은 여성들을
   두 그룹으로 나누는 것은 불가능하다. 자기사진을 '평범하게' 촬영하는
   여성들, 또는 의식적으로 자기사진의 전형을 탈피하려는 여성들이 서로
   분리되어 있지도 않다. 여기서 주목하는 '평범함'은 사전적인 의미보다는,
   인스타그램에서 '전형적인 자기사진'이 집단적으로 전시, 공유되는 흐름을
   통해 나타나는 독특한 성격을 뜻한다.

8. 세르닉 2020: 46-48.

9. 위의 책: 56-65.

10. 박승일 2021: 182.

11. 위의 책: 193-195, 258-259, 282.

12. 물론 이러한 삼각구도는 인스타그램에서 맺어지는 무궁무진한 관계의

일부다. 다만 여기서는 자기사진이 온라인 공간에서 안전-위험과 결부된 이중적인 성격을 띠며 소통의 매개로 작동한다는 사실을 바탕으로, 그러한 '소통'이 인스타그램에서 어떠한 조건을 지니며 어떠한 형태로 이루어지는지에 주목하고자 했다. 삼각구도는 다소 단순한 형태로 설정했지만 역사적 층위에서, 그리고 다른 구체적인 사건의 분석에 맞춰 수정하거나 보완할 수 있을 것이다. 특히 인스타그램이 광고 수입을 끊임없이 창출하는 사례는 이 책에서 살펴본 것보다 훨씬 복잡하며, 여기에 대해 다양한 관계들을 새로 설정할 수 있을 것이다.

13. 도식화하는 과정에서 생략한 점을 덧붙이고자 한다. 현실에서는 촬영자 여성이 때로 수집가가 되는 경우가 있고 수집가 역시 촬영자가 되기도 한다. 두 입장이 이처럼 완전히 배타적으로 구분되는 것이 아니라 종종 겹치므로 인스타그램 내부의 '시선들'은 더욱 복잡한 방식으로 나타난다. 그럼에도 나는 '브라렛 빌런 사건'을 비롯한 구체적인 경험들에서 이 둘을 분리된 입장으로 설정함으로써 촬영자 여성들이 직면한 자기사진의 '수집' 위기를 비교적 명료하게 설명하고자 했다.

14. 인스타그램은 회원의 콘텐츠에 대한 소유권을 주장하지 않는다고 하지만, 해당 플랫폼에서 회원이 공유, 게시, 업로드한 콘텐츠를 사용할 '특정 법적 권한'을 갖는다(https://help.instagram.com/47874555885251l).

15. 《오마이뉴스》, 2018, 「"나의 일상은 너의 포르노가 아니다": 지난달 19일에 이어 9일 대학로 '불편한 용기' 주최 2차 시위」, 6월 10일.

16. 《한겨레》, 2018, 「"왜 많은 여성이 모이나?" 혜화역 시위 운영진에게 물었다」, 6월 21일.

참고문헌

논문 및 단행본

고프먼, 어빙(진수미 옮김), 2016, 『자아 연출의 사회학』, 현암사.

김경리, 2017, 「그림엽서 봉투도안으로 보는 관광의 상품성과 경성─
1920~1930년대 경성관광 그림엽서를 중심으로─」, 《일본학보》 110: 285-
306.

김경화, 2017, 「휴대폰 카메라와 사진 찍기: 일상적 시각 기록 장치에 대한
미디어 고고학적 탐구」, 《언론정보연구》 54(1): 48-74.

김미영·김지희, 2018, 「인스타그램을 통해 본 과시적 자기표현 공간으로서
서울 고급호텔」, 『서울도시연구』 19(1): 95-113.

김주희, 2019, 「발전과 젠더, 환대의 성별정치; 1988년 서울올림픽 피켓걸에서
버닝썬 게이트까지」, 『페미니스트 타임워프』, 서울: 반비, 11-36.

김지영·주형일, 2014, 「디지털 사진행위를 어떻게 이해할 것인가?: 협업적
자기민속지학 연구를 바탕으로」, 『한국언론정보학보』 8: 62-87.

김지효, 2020, 「20대 여성의 인생사진 문화 연구」, 서울대학교 협동과정
여성학 전공 석사학위논문.

_____, 2021, 「페미니스트'들'의 인스타그램: 디지털 평판과 SNS 페미니즘」,

《한국여성학》 37(4): 119-154.

_____, 2023, 『인생샷 뒤의 여자들』, 오월의봄.

레슬리, 에스터(김정아 옮김), 2018, 「발터 벤야민과 사진의 탄생」, 『발터 벤야민,

사진에 대하여』, 고양: 위즈덤하우스, 7-75.

박승일, 2021, 『기계, 권력, 사회』, 고양: 사월의책.

박찬효, 2020, 『한국의 가족과 여성혐오』, 서울: 책과함께.

박해천, 2011, 『콘크리트 유토피아』, 서울: 자음과모음.

_____, 2013, 『아파트 게임』, 서울: 휴머니스트.

버거, 존(최민 옮김), 2012, 『다른 방식으로 보기』, 파주: 열화당.

벤야민, 발터(최성만 옮김), 2007, 『기술복제시대의 예술작품·사진의 작은 역사

외』, 서울: 도서출판 길.

부르디외, 피에르(한경애 옮김), 1989, 『사진의 사회적 정의』, 서울: 눈빛.

서지영, 2006, 「식민지 조선의 모던걸: 1920-30년대 경성 거리의 여성 산책자」,

《한국여성학》 22(3): 199-228.

세르닉, 닉(심성보 옮김), 2020, 『플랫폼 자본주의』, 서울: 킹콩북.

손택, 수전(이재원 옮김), 2005, 『사진에 관하여』, 서울: 도서출판 이후.

신상기, 2014, 「욕망의 시각화, 셀프카메라(셀카)의 나르시시즘」,

《디지털디자인학연구》 14(1): 533-541.

안서연·김정현, 2016, 「셀프카메라(Self-Camera) 행위가 20대 여성들의 외모

존중감, 자기노출 욕구, 외모개선 욕구 및 사회적 자기효능감에 미치는

영향: 프로테우스 효과를 중심으로」, 《사이버커뮤니케이션학보》 33(2):

87-123.

유서연, 2021, 『시각의 폭력』, 파주: 동녘.

이경민, 2005, 『기생은 어떻게 만들어졌는가』, 서울: 사진아카이브연구소.

_____, 2007, 『구보씨, 사진 구경가다 1883-1945』, 서울: 아카이브북스.

_____, 2008, 『경성, 사진에 박히다』, 서울: 산책자.

이길호, 2012, 『우리는 디씨: 디시, 잉여 그리고 사이버스페이스의 인류학』,

서울: 이매진.

이명선, 2003, 「근대의 신여성 담론과 신여성 성애화」, 《한국여성학》 19(2): 5-37.

이영아, 2011, 『예쁜 여자 만들기』, 서울: 푸른역사.

이용숙·이수현, 2019, 「삶의 중요한 일부로서의 스마트폰: 직장인·대학생 대상 설문조사와 여자대학생 대상 현장연구」, 《비교문화연구》 25(1): 211-267.

이종윤·홍장선·윤주현, 2013, 「카카오톡 프로필 이미지를 통한 다중적 자아의 유형 연구」, 《Archives of Design Research》 26(4): 181-204.

전미경, 2007, 「1920~30년대 가정탐방기를 통해 본 신가정」, 《가족과 문화》 19(4): 103-130.

정민아, 2014, 「화장품 광고와 근대여성 되기: 1930년대에서 1950년대까지」, 《한민족문화연구》 45: 175-217.

조유경, 2016, 「신문매체로 유포된 1940년대 경성 여성의 이미지」, 《미술사논단》 43(12): 229-252.

주형일, 2005, 「포스트포토그래피 시대의 사진을 통한 현실 재현의 문제」, 《언론과 사회》 13(3): 37-70.

한국사이버성폭력대응센터, 2019, 『2020 한국 사이버성폭력을 진단한다』, 서울: 한국사이버성폭력대응센터.

허재우, 2002, 「최초의 사진교육기관 YMCA 사진과」, 『사진과 포토그라피: 한국사진의 역사와 사진이론에 관한 연구: 최인진 선생 화갑기념논총』, 서울: 눈빛, 67-90.

홍성욱, 1999, 『생산력과 문화로서의 과학기술』, 서울: 문학과지성사.

Mulvey, Laura, 1989, "Visual Pleasure and Narrative Cinema," *Visual and Other Pleasures*, Bloomington: Indiana University Press, pp.14-26.

Van Dijck, José, 2008, "Mediated Memories: A Snapshot of Remembered Experience," *Mind the Screen: Media Concepts according to Tomas Elsaesser*, Amsterdam: Amsterdam University Press, pp.71-81.

Yanni, Denice A., 1990, "The Social Construction of Women as Mediated by Advertising," *Journal of Communication Inquiry* 14(1): pp.71-80.

언론보도

《경향신문》, 1961, 「12월의 가정」, 12월 6일.

_____, 1979, 「열기 더해가는 잠실 신천국교(新川國校)의 주부취미강좌 — 어머니들이 우리 교실서 배운다」, 7월 6일.

_____, 1981, 「초보자를 위한 카메라 선택과 조작법; 뜻 깊은 순간을 한 장의 필름에…」, 3월 6일.

_____, 1983, 「카메라에 담은 일상의 정감」, 10월 19일.

_____, 1986, 「'86결혼대행진」, 3월 13일.

_____, 1988, 「1천억 카메라 시장을 잡아라」, 5월 3일.

_____, 1988, 「'88 10대 인기상품; 소형카메라·호돌이 인형 포함」, 12월 17일.

_____, 1990, 「자장면 1000→1200원 이용료 5500→7000원; 서비스료 인상 러시」, 4월 9일.

_____, 1990, 「코닥·후지·아그파 수입필름업계 「3웅할거(雄割據)」」, 4월 11일.

_____, 1992, 「농가 49%가 연소득 천만~2천만 원」, 5월 9일.

_____, 1992, 「국산카메라 「중급」에 승부수」, 6월 10일.

_____, 1994, 「정보화시대 하이테크 물결(4) 국제컴퓨터통신망 「인터넷」」, 5월 13일.

_____, 1994, 「TV가 PC 속에…」, 9월 24일.

_____, 1997, 「어린이 성장과정 CD에」, 2월 4일.

_____, 1997, 「디지털카메라 대중화 '눈앞'」, 4월 5일.

_____, 1997, 「어차피 막가는 인생 큰 죄 될 줄은 몰랐다」, 7월 15일.

_____, 1999, 「PC음란물 자녀 호기심 '대화로 풀라'」, 9월 21일.

_____, 2003, 「사이버 스타 개벽이·광녀…반짝 등장 인기몰이」, 10월 20일.

_____, 2003, 「[시론]'얼짱 신드롬' 바로보기」, 11월 6일.

_____, 2003, 「[기획]1년동안 완전히 떴다 '얼짱·몸짱'」, 12월 22일.

_____, 2004, 「[커버스토리]발자국 따라왔어요~ 이웃삼고 갑니다」, 4월 22일.

_____, 2004, 「블로그·미니홈피 새 홍보도구」, 8월 1일.

《국민일보》, 2000, 「CCTV '알몸유혹' 윤락 화상대화방」, 12월 26일.

_____, 2001, 「[여울목]성관계 몰카 찍힌 20대 경악」, 2월 6일.

_____, 2004, 「'인터넷 파파라치' 조심!…'내 홈피 수영복 사진이 음란사이트에…'」, 12월 21일.

_____, 2006, 「무서운 '인터넷 마초'… 여성 관련 이슈에 성 비하 글 도배」, 6월 8일.

_____, 2020, 「[n번방 추적기①] 텔레그램에 강간노예들이 있다」, 3월 9일.

《동아일보》, 1927, 「휴지통」, 7월 12일.

_____, 1928, 「돈벌이하는 여자직업탐방기(1) 『하이하이, 난방』이 입버릇된 교환수 아가씨의 설음 <상(上)>」 2월 25일.

_____, 1928, 「돈벌이하는 여자직업탐방기(2) 『하이하이, 난방』이 입버릇된 교환수 아가씨의 설음 <하(下)>」 2월 26일.

_____, 1928, 「돈벌이하는 여자직업탐방기(4) 소의(素衣) 소복(素服)에 순결이 넘치는 구호의 여신 간호부 <상(上)>」, 2월 27일.

_____, 1928, 「돈벌이하는 여자직업탐방기(5) 햇빛도 변변히 쏘일 수 업는 어린녀자직공생활 <상(上)>」, 2월 29일.

_____, 1928, 「돈벌이하는 여자직업탐방기(9) 새로 살길을 발견한 듯 덤비는 『카페』의 『웨트레쓰』 설음 <상(上)>」, 3월 4일.

_____, 1928, 「돈벌이하는 여자직업탐방기(10) 새로 살길을 발견한 듯 덤비는 『카페』의 『웨트레쓰』 설음 <하(下)>」, 3월 5일.

_____, 1928, 「조선여성의 새 직업; 가두(街頭)에서 분투하게 된 뻐스껄의 설음」, 4월 25일.

_____, 1929, 「조선여자의 십년간 의복속발화장(衣服束髮化粧)의 변화」, 1월 1일.

_____, 1929, 「[모던]남녀」, 1월 20일.

_____, 1929, 「불량소녀」, 1월 25일.

_____, 1929, 「여성의 직업과 남성의 직업」, 3월 1일.

_____, 1929, 「가두(街頭)로 나오는 조선여성」, 3월 18일.

_____, 1929, 「모던껄의 길어가는 치마」, 11월 28일.

_____, 1930, 「근화녀교의 오주년과 교장 근속 십주년 긔념」, 9월 25일.

_____, 1930, 「소위 모던껄의 미(美)는 『광물적(礦物的)』?」, 11월 23일.

_____, 1931, 「경제상으로 풍족지 못한 직업부인의 사치는 잘못」, 10월 11일.

_____, 1935, 「처녀 때 사진이 문제 작부(酌婦)로 전환한 소부(少婦)」, 3월 21일.

_____, 1961, 「가정주부도 『카메라』를」, 8월 21일.

_____, 1967, 「여가 선용(善用) 클럽 (8)카메라 클럽」, 3월 2일.

_____, 1970, 「주부들 솜씨 겨룸; 세 전시회」, 5월 19일.

_____, 1970, 「카메라 필수도(必需度) 늘어」, 5월 27일.

_____, 1973, 「앨범속에 이 가을을…값싸고 손쉬운 사진촬영 가이드」, 9월 19일.

_____, 1981, 「취미교실 카메라 강좌 ①」 9월 7일.

_____, 1981, 「취미교실 카메라 강좌 ⑮」, 10월 28일.

_____, 1986, 「첨단과학시대 김정흠 칼럼<87> 개인 컴퓨터 통신」, 10월 22일.

_____, 1989, 「국민학생 개학준비 규칙적인 생활습관 되찾도록」, 8월 16일.

_____, 1989, 「다양화사회(33) "품질보다 맵시"…「감성소비」 시대」, 12월 2일.

_____, 1991, 「대학생 배낭여행 7천여 명 유럽 「유랑」」, 8월 9일.

_____, 1992, 「장난감에서 비디오카메라까지 "생활용품 빌려 줍니다"」, 8월 21일.

_____, 1993, 「「화목한 분위기」 그림같이 연출; 가족사진 찍기 번져간다」, 4월 26일.

_____, 1996, 「물가지수 조사품목 정보통신-신세대제품 대폭 추가」, 1월 26일.

_____, 1996, 「눈감은 채 찍힌 사진 눈뜨게 할 수 있다」, 1월 27일.

_____, 1996, 「홈 소프트웨어 "보다 편리하고 다양하게"」, 4월 2일.

_____, 1996, 「PC통신 음란물판매 대학생 등 5명 구속」, 8월 28일.

_____, 1996, 「인터넷으로 나를 알린다」, 12월 24일.

_____, 1997, 「필름없이 찍고 컴퓨터에 저장하고 TV로 사진 본다; 디지털카메라」, 7월 9일.

_____, 1997, 「「몰래카메라」 주택가까지」, 11월 17일.

_____, 1998, 「신혼 짜릿한 순간 달콤한 추억 "CD롬에 차곡차곡"」, 4월 17일.

_____, 1998, 「사진합성 '디지털앨범' 만든다」, 7월 30일.

_____, 1999, 「교육PC음란물 무방비 "교실서 점심시간 O양 비디오 봤어요"」, 11월 9일.

_____, 2002, 「[정보통신]디지털 카메라 100% 즐기기」, 5월 13일.

_____, 2002, 「[정보통신]카메라폰 하나면 통화·사진 척척」, 5월 20일.

_____, 2002, 「[인터넷]IT제품 동호회사이트 인기비결」, 8월 21일.

_____, 2002, 「[정보통신]디지털 사진, 실물사진으로 감동 재현」, 8월 28일.

_____, 2004, 「누드 사진 찍어 보실래요… 동아닷컴, '누드 출사대회'」, 4월 20일.

_____, 2009, 「[동아 오프블로그]디지털카메라-TV가 '성형'해 드립니다」, 4월 7일.

_____, 2009, 「인터넷에 왜 이리 □□녀가 많아?」, 10월 7일.

《매일경제》, 1967, 「계절 따라 경기(景氣) 따라 <완(完)> 카메라」, 3월 20일.

_____, 1967, 「우리집 살림살이(1)」, 6월 6일.

_____, 1968, 「새로운 「레크리에이션」…「홈무비」」, 10월 15일.

_____, 1970, 「생활대학 제9회 본사주최」, 5월 20일.

_____, 1981, 「미니인터뷰: 국내최초 판타지사진전 열어」, 7월 14일,

_____, 1982, 「카메라 국산화율 80% 목표」, 1월 14일.

_____, 1982, 「컴팩트카메라 국산화 추진」, 4월 10일.

_____, 1982, 「주부 사진교실」, 9월 7일.

_____, 1984, 「사회 활동으로 생긴 스트레스 이렇게 푼다」, 11월 14일.

_____, 1989, 「김포 세관검사 대폭강화 사치품반입 규제」, 10월 28일.

_____, 1990, 「일회용품 전성시대」, 10월 6일.

_____, 1991, 「일회용 카메라」, 10월 14일.

_____, 1994, 「한국통신 「인터넷 서비스」 상용화 1개월…예상 밖 가입폭주」, 7월 29일.

_____, 1994, 「시간·거리 장벽 제거 현실로; 멀티시대의 산업과 생활」, 8월 19일.

_____, 1994, 「손쉽고 편리한 1회용 카메라」, 10월 23일.

_____, 1994, 「「정보의 보고」 인터넷 인기폭발; 이용현황 및 서비스 내용」, 11월 4일.

_____, 1996, 「디지털가전 다기능·소형화로 생활 대변화」, 1월 4일.

_____, 1997, 「김대중 대통령 당선자 경제공약 "금융·실명제 유보로 경제 활력"」, 12월 22일.

_____, 1999, 「"영상은 PC에 담고 인쇄는 내손으로" 프린터·스캐너 이젠 필수」, 1월 29일.

_____, 2003, 「[매경IT월드]'디카'로 나만의 세상 꾸민다」, 4월 28일.

_____, 2003, 「이젠 스포츠 스타도 '미인시대'」, 11월 6일.

_____, 2004, 「[디지털카메라]머리 45도 기울이고 눈은 크게」, 2월 16일.

_____, 2007, 「NHN등 포털사이트에 악플·음란물 줄지 않네」, 8월 3일.

《문화일보》, 2003, 「영상이 세상을 지배한다」, 1월 9일.

《시사IN》, 제655호, 2020, 「디지털 성범죄는 '협업적 성착취'」, 4월 6일.

_____, 제667호, 2020, 「"잘 있거라, '더 이상 내 것이 아닌' 싸이월드야」, 6월 26일.

《오마이뉴스》, 2018, 「"나의 일상은 너의 포르노가 아니다": 지난달 19일에 이어 9일 대학로 '불편한 용기' 주최 2차 시위」, 6월 10일.

《조선일보》, 1921, 「부인사진관, 부인사진사로는 이홍경 씨가 처음, 경성부 관철동」, 5월 22일.

_____, 2021, 「[모던 경성] 100년전 여성 사진가가 찍은 '산소같은 그녀'」, 10월 23일.

《한겨레》, 1988, 「해외여행자 휴대품 14종 구입가 30만 원 이하 면세」, 11월 24일.

_____, 1992, 「아버지가 가정으로 돌아오고 있다(7) '좋은 아버지상' 받은 경찰관 한진구 씨 치안격무 틈 쪼개 가족과 함께」, 12월 14일.

_____, 1993, 「청소년 '연예인 신드롬' 열병」, 8월 30일.

_____, 1995, 「PC통신 음란물범람 다함께 감시 나서야」, 1월 15일.

_____, 2018, 「"왜 많은 여성이 모이나?" 혜화역 시위 운영진에게 물었다」, 6월 21일.

《한겨레21》, 제518호, 2004, 「노출하고픈, 멋지게 노출하고픈!」, 7월 14일.

_____, 제518호, 2004, 「싸이월드, 인터넷 역사를 다시 쓰다」, 7월 14일.

이미지 출처

57쪽   왼쪽: 《동아일보》(1929년 11월 28일)

가운데: 《동아일보》(1930년 11월 23일)

오른쪽: 《동아일보》(1930년 9월 25일)

61쪽   《동아일보》(1928년 3월 4일)

63쪽   《동아일보》(1928년 2월 25일)

64쪽   《동아일보》(1928년 2월 29일)

65쪽   《동아일보》(1928년 4월 25일)

70쪽   위: 《동아일보》(1961년 8월 21일)

아래: 《동아일보》(1973년 9월 19일)

75쪽   《동아일보》(1993년 4월 26일)

119쪽, 139쪽 연구참여자 제공

빈틈없이 자연스럽게

좋아서 찍는 내 사진의 즐거움과 불안, 욕망

1판 1쇄 찍음 2024년 3월 27일
1판 1쇄 펴냄 2024년 4월 9일

지은이	황의진	출판등록 1997. 3. 24.(제16-1444호)
		(06027) 서울시 강남구 도산대로1길 62
편집	최예원 박아름 최고은	강남출판문화센터
미술	김낙훈 한나은 김혜수	대표전화 515-2000 팩시밀리 515-2007
전자책	이미화	편집부 517-4263 팩시밀리 514-2329
마케팅	정대용 허진호 김채훈	
	홍수현 이지원 이지혜	글 ⓒ 황의진, 2024. Printed in Korea.
	이호정	ISBN 979-11-92908-94-6 (03300)
홍보	이시윤 윤영우	
저작권	남유선 김다정 송지영	반비는 민음사출판그룹의 인문·교양 브랜드입니다.
제작	임지헌 김한수 임수아	
	권순택	
관리	박경희 김지현 이지은	
펴낸이	박상준	
펴낸곳	반비	

만든 사람들

책임편집 박아름
디자인 한나은
조판 강준선